大学生职业素养与思想政治教育的研究与探索

安进同◎著

线装书局

图书在版编目（CIP）数据

大学生职业素养与思想政治教育的研究与探索 / 安进同著. -- 北京：线装书局，2024.3
ISBN 978-7-5120-6005-0

I. ①大… II. ①安… III. ①大学生－职业选择－研究②大学生－思想政治教育－研究－中国 IV. ①G647.38②G641

中国国家版本馆CIP数据核字(2024)第056513号

大学生职业素养与思想政治教育的研究与探索

DAXUESHENG ZHIYE SUYANG YU SIXIANG ZHENGZHI JIAOYU DE YANJIU YU TANSUO

作　　者：	安进同
责任编辑：	白　晨
出版发行：	线装書局
地　　址：	北京市丰台区方庄日月天地大厦 B 座 17 层（100078）
电　　话：	010-58077126（发行部）010-58076938（总编室）
网　　址：	www.zgxzsj.com
经　　销：	新华书店
印　　制：	三河市腾飞印务有限公司
开　　本：	787mm×1092mm　　1/16
印　　张：	10.25
字　　数：	225 千字
印　　次：	2025 年 1 月第 1 版第 1 次印刷
定　　价：	68.00 元

前　言

　　大学生是民族的希望，是祖国的未来，肩负着建设祖国的历史重任。大学生的思想政治素养影响着中华民族伟大复兴的进程。中国特色社会主义进入了新时代，这意味着中国站在了新的历史起点，中华民族实现了从站起来到强起来的历史飞跃。重视和加强大学生思想政治教育，不断提高大学生思想政治教育的实效性，是不断改进和创新大学生思想政治教育的内容和形式的现实需要，是提升大学生思想政治教育素质水平、促进大学生健康成长成才的重要措施。

　　同时，思想政治教育对高校学生的职业素养有着不可替代的重要意义，高校的思想政治教育更要成为指导大学生有效就业，缓解大学生就业中的诸多压力，培养大学生敢于面对、敢于拼搏的职业素养。在这种大背景下，笔者通过对大学生职业素养与思想政治教育进行深入的研究和思索，撰写了这本《大学生职业素养与思想政治教育的研究与探索》。

　　本书共包含六章内容。第一章主要写了大学生思想政治教育概述，包括大学生思想政治教育的目标、内容、原则和现实对策；第二章主要写了大学生思想政治教育的理论指导和方法指导，包括大学生思想政治教育的理论指导、大学生思想政治教育的学科借鉴、大学生思想政治教育的方法指导；第三章主要写了大学生思想政治教育的相关研究，内容包括大学生思想政治教育的科学化实践、大学生思想政治教育科学模式的现状与发展、大学生思想政治教育的科学模式的研究与突破；第四章主要研究了大学生思想政治教育的主要途径，内容包括校园文化建设中的思想政治教育、社会实践活动中的思想政治教育、网络建设中的思想政治教育、职业生涯指导中的思想政治教育、日常管理中的思想政治教育；第五章主要写了大学生职业素养及其与思想政治教育的融合，包括职业素养内涵、职业素养的地位及培养的意义、大学生职业素养提升的实现路径、大学生思想政治教育与职业素养的融合；第六章主要研究了大学生职业素养的培养与提升，内容包括情绪管理素养、人际关系素养、沟通能力素养、职场礼仪素养、实践执行素养等。

　　笔者在写作过程中参考了许多相关的研究成果，在此要向这些专家表达诚挚的谢意！由于作者的水平和精力有限，尽管在写作过程中力求完美，但是不足之处在所难免，恳请各位专家、读者不吝赐教。

编委会

张　乐　王　猛　李红磊
周世璞　陈　骁　王锦涵
许　翀　马传静　黄伟鹏
邓兴强

目 录

第一章 大学生思想政治教育概述 (1)
 第一节 大学生思想政治教育的目标与内容 (1)
 第二节 大学生思想政治教育的原则 (10)
 第三节 大学生思想政治教育的现实对策 (17)

第二章 大学生思想政治教育的理论指导和方法指导 (24)
 第一节 大学生思想政治教育的理论指导 (24)
 第二节 大学生思想政治教育的学科借鉴 (32)
 第三节 大学生思想政治教育的方法指导 (41)

第三章 大学生思想政治教育的相关研究 (50)
 第一节 大学生思想政治教育的科学化实践研究 (50)
 第二节 大学生思想政治教育科学模式的现状与发展 (54)
 第三节 大学生思想政治教育的科学模式的研究与突破 (60)

第四章 大学生思想政治教育的主要途径 (66)
 第一节 校园文化建设中的思想政治教育 (66)
 第二节 社会实践活动中的思想政治教育 (73)
 第三节 网络建设中的思想政治教育 (79)
 第四节 职业生涯指导中的思想政治教育 (85)
 第五节 日常管理中的思想政治教育 (89)

第五章 大学生职业素养及其与思想政治教育的融合 (92)
 第一节 职业素养内涵 (92)
 第二节 职业素养的地位及培养的意义 (99)
 第三节 大学生职业素养提升的实现路径 (101)
 第四节 大学生思想政治教育与职业素养的融合 (105)

第六章 大学生职业素养的培养与提升 (111)
 第一节 大学生的情绪管理素养 (111)

第二节　大学生的人际关系素养 …………………………………（118）
第三节　大学生的沟通能力素养 …………………………………（126）
第四节　大学生的职场礼仪素养 …………………………………（138）
第五节　大学生的实践执行素养 …………………………………（147）

参考文献 ……………………………………………………………（153）

第一章 大学生思想政治教育概述

大学生思想政治教育是国家和社会采用一定的教育形式，使他们形成符合社会发展要求的思想政治品德的实践活动。高校是培养社会主义现代化建设者和接班人的重要阵地，所以大学生的思想政治教育一直是党和政府关注的重点。大学生思想政治教育以大学生为教育对象，目的在于培养大学生形成符合社会发展要求的思想观念、政治观点和道德行为。

第一节 大学生思想政治教育的目标与内容

一、大学生思想政治教育的目标

根据中央关于加强和改进思想政治教育的一系列指导精神，分析当前思想政治教育的总体情况和存在的薄弱环节，我们要实现思想政治教育创新的目标，关键要增强思想政治教育的针对性、实效性。

（一）增强大学生思想政治教育的针对性

当代大学生是在我国改革开放、经济体制转轨、社会转型的过程中成长起来的一代，是在全球化浪潮席卷世界、互联网普及、大众文化迅速兴起的背景下成长起来的一代。他们的生长环境与所处历史时期的特殊性，要求高校思想政治理论课教师认真把握他们的成长特点，因材施教。

当代大学生绝大多数是独生子女，从小受到良好的教育。他们有非常强的独立思考、接受新事物的能力，有着较强的竞争意识、自我保护意识、维权意识和参与意识等方面的优点。

同时他们也存在许多不足，主要有以下几点：

（1）思想道德修养还存在不足，尤其是在社会公德方面。

（2）在思想认识上比较片面。当代大学生关心时事政治，关心国家大事，对国家、社会及学校的各项改革有强烈的参与意识，具有满腔的政治热情，但由于阅历、学识、能力等因素的制约，他们缺乏正确的分析、判断事物的能力，不能灵活运用马克思主义的立场、观点和方法来分析和解决现实社会的各种问题。因此，其思想认识有待提高。

（3）过度追求个体价值，不能处理好社会价值和个人价值之间的关系。当代大学生大多遇事先为自己考虑，然后才是他人和集体。他们在专业知识上，对自己将来有用的就学，没用的学科就应付了事。这反映在人际关系上，就难免趋于庸俗化和实用主义，从而影响了大学生自身的全面发展。

（4）心理承受能力较弱。当代大学生思想活跃，思维敏捷，其中也有面对激烈竞争、复杂多变的社会现实感到无所适从的人。青年期的闭锁性心理使他们不愿相信别人，不善于与人沟通。他们有时心理压力很大，无法适应校园生活，这为他们日后走向社会埋下了隐患。

（5）缺乏责任感。随着互联网的普及，思想上尚不成熟的大学生由于远离家庭与亲人的关爱，极易迷恋网络，从而诱发责任感逐渐缺失，造成旷课、自暴自弃等一系列问题。少数大学生还可能利用网络实施侵权犯罪行为。这将不仅使大学生自己身受其害，也将造成不良的社会影响。

在新的历史条件下，广大思想政治教育工作者要避免大话、空话、套话和形式主义的现象发生，必须努力学习，扩大知识面，加强对社会环境的研究，加强对社会的变化和需求的研究，跟上形势。只有这样，思想政治教育才能对症下药，有的放矢，增强针对性。

（二）提高大学生思想政治教育的实效性

在高校思想政治教育过程中，实效性不强是一个比较突出的问题。工作方法简单，表面化、形式主义、脱离实际、不切合大学生的心理要求，难以收到预期效果等，严重影响了思想政治教育的实效性。提高高校思想政治教育的实效性，具体需要从如下几个方面着手：

（1）帮助大学生解决实际问题。许多实际问题得不到解决或没有解决成为大学生思想问题的直接诱因。思想政治教育必须把解决思想问题与解决实际问题紧密结合起来，在解决实际问题中进行思想上的教育引导，把解决实际问题的过程变为升华思想、提高觉悟的过程，营造思想引导与利益驱动相结合的新机制、新途径。

（2）教师要自觉起表率作用。身教胜于言教，把言行统一、知行统一、言传与身教相统一，这是高校思想政治教育取得实效性的关键。广大思想政治教育工作者应该在艰苦奋斗、自重、自省、自励等方面做出表率，这样，思想政治教育才会具有吸引力、感染力、号召力和凝聚力。

（3）充分发挥文化建设在思想政治教育中春风化雨、润物无声的作用。社会文化、企业文化、校园文化、网络文化等是增强文化育人的重要手段，在增强思想政治教育的实效性方面发挥着不可替代的重要作用。我们要充分利用和发挥这些文化阵地和文化活动的作用，把高校思想政治教育的任务落到实处。[①]

二、大学生思想政治教育的内容

思想政治教育的主要内容是社会主义主流意识形态教育，主要包括爱国教育、思想道德建设和人的全面发展。高校思想政治教育内容的创新，是根据社会和时代发展的需要，根据思想政治教育发展的阶段性特点，对内容体系的某些方面、某些环节，提出更新更高的要求。

高校思想政治教育要避免形式主义，紧紧围绕社会发展对人才的实际需求和大学生的思想实际来设置内容，围绕不同时期大学生关心的热点、难点和疑点问题，充实高校思想政治教育内容。实现思想政治教育，要做到"入耳、入脑、入心"，见实效；要以科学的知识体系开启大学生的心智，在加强党的理论、路线、方针、政策和法律法规正面教育的同时，要有力地批判各种错误思潮和腐朽愚昧的思想。我们要使广大青年学子树立正确的"三观"，实现人的全面发展。

（一）以理想信念教育为核心，进行树立正确的世界观、人生观和价值观的教育

理想信念是人们的政治信仰、世界观在奋斗过程中的具体体现。共产主义的理想和信念是人类历史一种崭新的理想与信念，它为人类提供了其他任何信仰均无法比拟的科学的世界观、人生观、价值观。坚定正确的理想信念是思想政治教育的核心内容。

1.把理想信念教育建立在正确认识社会深刻变革时期的时代特点上

在改革开放的实践过程中，我们要教育大学生正确认识出现的各类复杂的社会现象，包括各种消极腐败现象。一方面从主流的方面看，用长远的眼光看，改革开放对我国社会所带来的影响是积极、进步的，意义是伟大的；另一方面，改革开放是中国的第二次革命，带有很强的探索性和风险性，主要表现为体制的不成熟和各种消极社会现象的滋生，如腐败、不公正、贫富差距、道德丧失等。对

---

① 郭志栋. 新时代背景下大学生思想政治教育研究［M］. 天津：天津人民出版社，2019.

于这些消极的方面,我们要认识到它在一定的时期内是不可避免的,同时也要看到它是我们党和国家所努力克服和解决的。我们要相信随着改革的深入,新体制的完善和健全,消极腐败现象一定会得到有效治理。这样,大学生就不会被特定历史时期的某些消极现象所迷惑而动摇甚至丧失了理想信念。

2.把理想信念建立在科学的世界观基础上

坚定的理想信念是建立在科学的世界观的基础上的。科学的世界观是指对自然界和人类社会的科学认识。因此,高校思想政治教育要做好以下几点:

(1)要对高校大学生认真进行马克思主义的唯物论和辩证法教育,使其通过认真学习和掌握科学知识、科学思想、科学精神和科学方法,在思想上真正划清唯物论与唯心论的界限,科学与反科学、伪科学的界限,宗教信仰与封建迷信的界限。

(2)要对高校大学生认真进行历史唯物主义教育,使其认识到社会主义代替资本主义是人类社会的基本矛盾运动和发展的必然结果,是不以人的意志为转移的人类社会发展的必然规律。我们应使大学生坚信:马克思主义是科学,它运用历史唯物主义揭示了人类社会发展的规律,社会主义经历一个相当长的历史过程必然代替资本主义,这是社会历史发展不可逆转的总趋势,但其道路是曲折的。[①]

(二)以爱国主义教育为重点,进行弘扬和培育民族精神的教育

爱祖国是社会主义道德对每个公民最基本的要求,也是每个公民对国家和社会应尽的责任和义务,应具备的品格和素养。爱国主义作为社会主义道德的基本规范,是植根于社会主义社会人们的经济关系之中的,它反映了社会主义初级阶段人们的基本道德关系和道德要求。在现阶段,人们的道德关系是多层次的,但最基本的道德关系就是正确处理与祖国、与人民、与社会主义制度的关系。爱国主义是我们思想道德建设的一条"底线",是社会主义的基本道德观。

1.热爱祖国是中华民族的传统美德

在社会主义社会,爱祖国反映了社会主义国家的公民与祖国之间的关系,是调节公民个人利益与国家民族利益的重要因素。它既是我国各族人民团结互助、共同繁荣的道德基础和政治基础,也是每个公民的神圣职责和应尽的义务s爱国主义是指千百年来巩固起来的对自己祖国的最浓厚的感情。这种感情集中地表现为对祖国的忠诚和热爱,表现为民族自尊心、自信心和为争取祖国独立富强而英勇奋斗的献身精神。

爱国主义是同人们世世代代共同生活的地域、国度,共同的生活方式和生活

---

① 郭志栋. 新时代背景下大学生思想政治教育研究[M]. 天津:天津人民出版社,2019.

习惯，共同的语言等相联系的一种社会产物。它作为社会意识形态的内容，是随着国家的出现而产生的。它一经产生，就成为一个国家和民族生存、巩固和发展的精神力量，成为一面最有号召力和凝聚力的旗帜在我国历史上，爱国主义从来就是动员和鼓舞人民团结奋斗的一面旗帜，是各族人民共同的精神支柱，它在维护祖国统一和民族团结、抵御外来侵略和推动社会进步中，发挥了重大作用。在爱国主义精神的激励下，我们的国家和民族自强不息，具有伟大的凝聚力和生命力。①

在我国，爱国主义、集体主义、社会主义教育，是三位一体、相互促进的。对全民族和全体人民来说，首先要抓好爱国主义教育。世界上任何国家都很重视对人民进行爱国主义教育，我们这样人口众多的社会主义国家更应如此。我国开展爱国主义教育，其目的就是要振兴民族精神，增强民族凝聚力，树立民族自尊心和自豪感，巩固和发展最广泛的爱国统一战线，把人民群众的爱国热情引导和凝聚到建设中国特色社会主义伟大事业上来，引导和凝聚到为祖国的统一、繁荣和富强做贡献上来。我们要做有理想、有道德、有文化、有纪律的社会主义公民，为实现四个现代化，为实现21世纪的宏伟目标和振兴中华的共同理想团结奋斗。因此，作为思想道德建设的一个重要内容，加强爱国主义教育，要贯穿社会主义现代化建设的整个过程。②

爱国主义是一个历史范畴，在社会发展的不同阶段、不同时期，有不同的具体内容和时代特征。爱国主义有着鲜明的时代特点，它总是随着时代的前进和历史的进步而不断丰富内容，向人民提出新的要求。我们今天讲爱国主义，就是要热爱我们伟大的社会主义祖国，在党的领导下为祖国的繁荣富强贡献自己的智慧和力量，我们要把个人的理想和事业融入祖国的社会主义现代化建设的伟大事业中。

2.大学生爱国主义教育实践的内容与途径

当前，爱国主义教育的内容非常广泛，按照高校思想政治理论课的教学规定，主要包括如下几方面教育实践的目标：

（1）要进行我国现代化建设伟大成就和宏伟目标的教育。党的基本路线和我国社会主义建设的成就是进行爱国主义教育最现实、最生动的教材。

（2）要进行中华民族悠久历史的教育，特别是中国近现代史的教育。要通过中国历史的教育，使大学生了解中华民族自强不息、百折不挠的发展历程，了解我国各族人民对人类文明的卓越贡献，了解我国历史上的重大事件和著名人物，

---

① 郭世德. 思想政治教育与职业素养[M]. 北京：经济日报出版社，2018.
② 郭世德. 思想政治教育与职业素养[M]. 北京：经济日报出版社，2018.

了解我国人民反对外来侵略和压迫、反抗腐朽统治、争取民族独立和解放等前赴后继、浴血奋斗的精神和业绩，特别是中国共产党领导全国人民为建立新中国而英勇奋斗的崇高精神和光辉业绩。

（3）要进行基本国情教育。国情教育不仅要进行基本国情常识的普及，更要放在整个世界环境的大背景下进行，既要使人民看到我国的发展优势和有利条件，又要看到我们的差距和不利因素，以增强人民的使命感和社会责任感。

（4）进行中华民族优秀传统文化教育。中华民族的优秀传统文化博大精深，不仅包括哲学、社会科学、文学艺术、科学技术等方面的成就，而且蕴含着崇高的民族精神、民族气节和优良道德；不仅孕育了无数杰出的政治家、思想家、文艺家、科学家、教育家、军事家，而且留下了丰富的文物古迹、经典著作，这笔丰厚的遗产是进行爱国主义教育的宝贵资源和重要内容。

（5）要进行民族团结和祖国统一的教育。要加强马克思主义民族观、宗教观和党的民族政策、宗教政策的教育，大力宣传各族人民为维护民族团结和祖国统一做出的不懈努力和历史贡献。为了早日实现祖国统一，要进行"和平统一、一国两制"方针的教育，要全面、正确地宣传党和政府在祖国统一问题上的基本立场和基本方针政策，使大学生了解祖国统一工作的进展情况和重点。

（6）要进行国防教育和安全教育。要根据新时期的特点，重视现代国防教育，增强全民的国防意识和国家安全意识，提高全民族抵御外敌入侵、捍卫祖国独立，维护国家主权和领土完整的自觉性。

爱国主义既集中反映了人们对个人和祖国关系的理解认识，又寄托了人们对祖国的一种崇高感情；既是一种高度的思想觉悟，又体现在人们的具体实践之中。因此，爱国主义教育必须运用多种方法和途径，对人们进行长期的潜移默化的影响和教育。而且，爱国主义教育要突出重点对象。对广大青少年的爱国主义教育应注意发挥思想政治理论课堂的主渠道作用，要利用各种机会，广泛渗透，连续不断，主要可以采取以下的措施。

（1）一是利用重大节日和纪念日，开展丰富多彩的教育活动。

（2）二是通过组织各种社会活动进行教育，如组织参观名胜古迹、历史文物，瞻仰革命先烈纪念馆，开展升国旗、唱国歌等活动，在丰富多彩的社会实践中，陶冶大学生的情操，净化、美化他们的心灵。

（3）三是要广泛开展校园文化教育活动，如歌咏比赛、知识竞赛、演讲、体育运动等，寓教于乐，施教于生动活泼的活动之中。

（4）四是要不断强化舆论声势，扩大覆盖面，创造浓郁的爱国主义气氛。

总之，要通过各种生动活泼的形式，广泛、深入、持久地加强爱国主义教育和宣传，提高广大青年学生的民族自尊心和自豪感。

（三）以道德规范为基础，进行社会主义道德体系的创新和发展

构建高校思想政治教育体系，必须有创新的精神，而且这也是高校思想道德教育体系的生命力之所在。改革开放以来，社会主义思想道德教育，无论是在内容上还是在形式上，都发生了一系列的变化。思想道德教育的创新和发展，是我国社会主义精神文明发展到新的历史水平的一个重要标志。

我国的社会主义道德体系是以为人民服务为核心、以集体主义为原则的。随着改革开放的深入，以社会主义改革为动力的社会主义道德体系有了创新和发展。

1. 竞争与协作相统一

强调竞争与协作的统一，就是在现实的市场经济活动中，贯彻社会主义集体主义道德原则的重要方式。现代市场经济的发展证明，竞争是市场经济发展的最重要的机制。因此，我们对竞争机制应当持肯定的道德评价，克服对竞争的道德偏见但是，在自发的状态下，竞争也会产生一定的负面影响，而且消极方面也会反映到精神生活中来。这样，要使社会主义市场经济能够健康地发展，除了要加强社会主义法制建设外，还要加强社会主义道德建设。加强社会主义道德建设的具体要求，就是在建立和完善社会主义市场经济体系的过程中，积极提倡和发扬团结互助的精神，正确处理竞争与协作的关系，反对极端自私自利、损人利己的行为，逐渐形成一种与社会主义市场经济相适应的、与团结协作相统一的社会主义竞争观念。

2. 重视法制观念

在一定意义上可以说，现代市场经济是一种法制经济。市场经济的正常运行，要以稳定而合理的法律秩序作为保证。所以，我们必须把法制意识纳入市场经济的道德要求中来，就是说，每个市场经济活动的参与者严格遵守法律是道德上的要求。

3. 社会主义的义利观

在我们的现实生活中，所谓义利问题，实际上就是社会整体利益和个人利益之间的关系问题，也可以说是公与私的关系问题。在中国的传统道德观念中，古代儒家学派的重义轻利的观念曾经产生过很大的影响。随着改革开放，特别是社会主义市场经济的发展，人们的义利观发生了变化，逐渐纠正了那种重义轻利的片面观念。

但是，在一部分人中也出现了严重的见利忘义的思想倾向，而且对社会生活还可能产生恶劣的腐蚀作用。义利问题是一个道德问题。在发展社会主义市场经济的过程中，每个人、每个市场经济主体，都会遇到如何正确处理国家利益、人民利益、集体利益、个人利益之间的关系问题。社会主义市场经济的本质，要求人们反对见利忘义、唯利是图，形成把国家和人民利益放在首位而又充分尊重公民个人合法利益的社会主义义利观,在努力发展社会主义生产力的前提下,发扬社会主义集体主义精神。因此社会主义义利观的核心,是社会主义集体主义道德原则。

总之,随着社会主义市场经济和社会主义民主政治的发展,社会主义道德体系无论是在内容上还是在形式上,都将发生深刻的变化,出现新的面貌,成为推动社会主义社会向更高历史阶段前进的伟大精神因素。社会主义道德体系的这种创新和发展,恰恰是它的生命力之所在。

(四) 推动高校思想政治教育理论与实践的创新

中国特色社会主义文化建设,是凝聚和吸引全国各族人民的重要力量,是综合国力的重要体现。在我国全面建成小康社会的宏伟蓝图中,也突出强调了社会主义文化建设的战略地位,为社会主义文化发展指明了方向。我们要从党和国家事业发展全局的高度,充分认识文化建设在思想政治教育中的战略意义,采取切实有效的措施,推动中国特色社会主义文化的大发展大繁荣。

1.深刻认识文化建设在高校思想政治教育中的战略意义

当今世界,文化不仅深深熔铸在民族的生命力、创造力和凝聚力之中,而且越来越成为一个国家综合国力和国际竞争力的重要组成部分。国家的发展和强盛,民族的独立和振兴,人民的尊严和幸福,都离不开强大文化的支撑。作为世界上最大的发展中国家,我们必须高扬自己的文化理想,高举自己的文化旗帜,在世界文化交流和竞争中把我国建设成为文化强国,使中国特色社会主义文化不仅在中国人民中间,而且在全世界人民中间都具有强大的吸引力和感召力。

文化是民族的灵魂,是维系国家统一和民族团结的精神纽带。因此,世界上每个成熟的民族都有属于自己的特有文化形态和文化个性,而这种特有的文化就成为民族亲和力和凝聚力的重要源泉。当代高校思想政治教育要不断增强中华民族的凝聚力、创造力的教育,培养有理想、有道德、有文化、有纪律的大学生,我们要结合新的实践和时代发展的要求,大力发展社会主义文化,建设社会主义精神文明,把广大青年学生紧紧吸引在中国特色社会主义文化的伟大旗帜下。

2.加强和谐校园建设,推进高校思想政治教育的理论和方法创新

社会主义文化要坚持为人民服务、为社会主义服务的方向和百花齐放、百家争鸣的方针。社会主义文化要以科学的理论武装人,以正确的舆论引导人,以高尚的精神塑造人,以优秀的作品鼓舞人。立足改革开放和现代化建设的实践,着眼世界文化发展的前沿,我们要发扬民族文化的优秀传统,汲取世界各民族的长处,在内容和形式上积极创新,不断增强中国特色社会主义文化的吸引力和感召力,不断丰富人们的精神世界,不断增强人们的精神力量,不断满足人们的精神

文化需求。

(1) 加强和谐校园建设

和谐、充满人文关怀的教育环境是高校思想政治教育工作的最佳载体，它可以给大学生以宽松、和谐、美感的人文氛围，是一种无形的力量，具有强烈的导向和规范作用，可以引导或者约束人的行为。高校校园文化作为高校中的一种文化现象，在养成大学生的健全人格、完善大学生的文化修养、培养大学生的学术品格、提高大学生的审美情趣等方面发挥着积极作用，对于高素质的人才培养有着尤为特殊的意义。因此，高校要加强营造宽松、和谐的校园环境。

我们要充分发挥高校人才和技术优势，整合校内外各类资源，用社会主义核心价值体系引领校园文化建设，以高雅的校园文化营造大学生成长的良好氛围；利用校园网络、电视、广播、展览室、图书馆等传播途径，把政治思想与道德建设内容有机融入其中，以创新内容、创新形式、创新手段等方法去积极探索参与式、体验式、互动式等新的教育方法；要组织开展文娱活动、体育活动、军训、社会调查、公益服务和丰富的社团活动，以此增强思想政治教育工作的针对性、实效性、吸引力和感染力。与此同时，我们也要加强校园传统文化的建设。高校加强传统文化教育也是一项重要任务。

(2) 更新教育理念

首先，高校思想政治理论课教师要更新观念。我们要牢固树立素质教育观念，坚持以大学生全面素质培养为目标，注重渗透性教育，养成性教育，注重受教育者的体会与内化过程，把素质教育贯穿到思想政治理论课教育教学的每个环节。我们要更加注重大学生人文素质的培养，推进教育教学从以科学教育为主向科学教育与人文教育相互融合转变。我们要牢固树立科学发展观，充分体现"以人为本"的要求，充分调动教与学两个积极性，着力解决理论教育的针对性、有效性和吸引力问题。

高等教育作为一种培养人才的社会实践活动，要求受教育者主动参与教学，实现教与学的双向互动。思想政治理论课教师应利用各种手段消除师生之间沟通的障碍，消除彼此的距离感，使大学生能够平等、真诚地与教师交流，而且乐于、善于与教师交流，从而使其在这种自我表达和交流中实现思想道德的提升。这就要求教师能够正确运用人文关怀的教育方法，用对话式、启发式的互动型的教育方式，针对不同学生采取不同的方式、方法开展教育引导，充分发挥思想政治素质对其他方面素质的方向指引、精神激励、价值导向、方法保障和人格塑造作用。

(3) 创新教学方法和手段

大学生思想政治理论课的创新，既包括教学内容的创新，也包括教学方法的创新。教学方法和手段在教育活动中具有重要的地位，是教育基本理念的体现，也是贯彻教育基本理念的根本保证。教师要丰富和发展高校思想政治理论课教学的方式，通过多种方式进行教育教学，完成课程教育的目标。这就要求教师要树立正确的指导思想，加强对教育教学理论的学习，在实际教学的过程中，认真做好教学计划，不断总结和反思自己的教学过程，构建与学生的和谐关系，形成良好的互动。在教师与学生的共同努力下，最终实现课程的教学目标。

教师在教学方法和手段创新上，首先要找准切入点，让学生对教学内容有所期待。我们正处在一个充满活力，不断发展、变化的时代，时代的发展和变化使得思想政治教育从内容到方法、从对象到途径、从思路到规律都发生了变化，出现了新任务，因而思想政治理论课要注重吸收马克思主义最新成果，教学内容一定要体现时代特征。教师要关注学生面对的问题，把学生的所思所想、所需所盼作为思想政治教学的切入点和着眼点。

教师应坚持做到学生关注什么，就重点回答什么，什么问题突出，就着力解决什么问题。思想政治教育研究表明，当思想理论与接受者的主观需求相吻合时，思想理论的可接受性最强。教育心理学的相关研究也表明，受教育者的接受性与个体需要成正比关系。当教育的内容与受教育者需要的内容、目标和方向不吻合时，就很难被接受。因此，思想政治教育就是要从学生关心关注的重大问题入手，抓住学生的心理特点，紧密结合社会热点，才能为学生所欢迎、所接受，从而提高思想政治理论教育的吸引力，否则就会流于形式。

第二节 大学生思想政治教育的原则

大学生思想政治教育原则，是在大学生思想政治教育的实践中形成的，贯穿于大学生思想政治教育的全过程，是开展大学生思想政治教育活动必须遵循的具体指导思想和基本要求。大学生思想政治教育只有在实践中坚持思想政治教育原则，才能不断提高大学生思想政治教育的针对性和实效性。

一、大学生思想政治教育的基本原则

（一）方向性原则

方向性原则是指大学生思想政治教育的全部活动要始终与社会发展的要求相一致，坚持正确的政治方向不动摇。当前，方向性原则主要体现为大学生思想政治教育要旗帜鲜明地坚持社会主义和共产主义方向，坚持党的基本路线，要与中国共产党的纲领与宗旨相一致。坚持方向性原则对大学生思想政治教育活动具有非常重要的意义。首先，只有坚持这一原则，才能保持无产阶级思想政治教育的

本质特色；其次，只有坚持方向性原则才能统一人们的思想与行动，充分发挥思想政治教育的作用；再次，坚持方向性原则是实现思想政治教育价值的根本要求；最后，思想政治教育价值的实现与否，必须以教育目的的实现程度和方向原则的贯彻程度来衡量。[①]

要很好地贯彻方向性原则，就必须将坚定的原则性与方法的灵活性结合起来，努力使大学生思想政治教育自然地渗透到社会生活的方方面面，从而潜移默化地影响人。要努力探寻方向性原则与思想政治教育具体目标之间的契合点，并以方向原则统摄各种具体目标，使共产主义方向成为大学生思想政治教育的灵魂。

（二）求实原则

求实原则，它体现了一种科学的工作态度。思想政治教育是一项实实在在的转变人的思想的工作，因而任何华而不实和不切实际的做法都难以取得良好的教育效果。大学生思想政治教育的一个重要特点就是具有针对性，要做到这一点，教育者必须遵循实事求是的原则。教育者在进行思想政治教育的过程中，必须从社会发展的现实和受教育者的思想实际出发，运用马克思主义的基本理论去解释分析社会问题和受教育者的思想问题，并从中寻找出解决问题的基本规律，来指导大学生思想政治教育的活动。求实原则，是指大学生思想政治教育要始终坚持"理论联系实际，一切从实际出发，实事求是"的思想路线和原则。

所谓理论联系实际，包含以下两层含义。

（1）一定要掌握大学生思想政治教育的相关理论。大学生思想政治教育理论是从事大学生思想政治教育的重要指导，能为相关工作提供有效的方法。因此，我们必须全面地、系统地、准确地掌握大学生思想政治教育理论。

（2）一定要从实际出发，实事求是。理论只有面向实践、指导实践、接受实践检验并随实践发展，才富有强大的生命力和战斗力。

要做到理论和实际相结合，必须坚持实事求是。大学生思想政治教育一定要坚持和发扬理论和实际相结合的原则和作风，反对理论和实际相脱离的"左"或"右"的错误倾向。

（三）民主原则

民主原则，是指在大学生思想政治教育中，尊重学生的主体性地位，尊重其人格和民主权利，创造条件让大学生充分发表自己的意见并加以正确的引导。民主的实质是平等。大学生思想政治教育中的民主就是教育者与受教育者双方在充分尊重对方的人格和民主权利的前提下，创造条件让双方充分表达自己的思想和

---

① 秦大伟，朱平，郑小丽. 思想政治教育与职业素养[M]. 北京：研究出版社，2019.

意见，并在此基础上正确处理相关问题，共同完成大学生思想政治教育的任务。大学生思想政治教育并不能直接作用于人的行为，而是先通过对象错综复杂的心理品质作用于人的意识，转而影响其行为。作为教育对象的大学生一般都是青年，他们的自我意识已经渐趋成熟，对自己以及自己和周围的关系开始有了独立的认识和评价，较少盲从，主体意识明显。因此，大学生思想政治教育的成效，在很大程度上取决于教育对象对教育内容的关心、思考和理解的积极性和主动性是否被调动起来以及被调动的程度。因此大学生思想政治教育必须坚持民主性原则，突出学生的主体地位，教育者与受教育者以平等态度交流思想，互相尊重，创造民主、平等、和谐、生动活泼的教育环境和气氛。

民主原则的贯彻实施要做到以下两点。

1. 尊重人、关心人和理解人

尊重人，就是要尊重高校大学生，尊重他们的主人翁地位，尊重他们的人格及宪法赋予他们的各种民主权利。从而充分调动、引导和提高大学生对社会主义物质文明建设和精神文明建设的积极性、创造性。关心人，即要求大学生思想政治教育者要多关注、爱护、帮助大学生，在政治上关心他们的成长，工作上关心他们的进步，生活上关心他们的困苦，使大学生感受到温暖。理解人，就是要理解大学生的具体处境和个性，承认大学生在性格、兴趣等方面的差异，以心换心进行教育。

2. 民主原则要与严格要求相结合

（1）坚持严格管理不能践踏大学生的人格尊严、漠视大学生的情感、无视大学生实际需要，要把严格要求同尊重人、关心人、理解人有机统一起来，使大学生思想政治教育处于升腾活跃的状态，以达到激发大学生建设中国特色社会主义的巨大热情的目的。

（2）要把尊重人、关心人、理解人与严格管理结合起来，尊重人、关心人、理解人，绝不是不讲原则、放松管理、取消批评，绝不是迁就不合理的要求或容忍不守纪律的行为，奉行"好人主义"。

总之，尊重人、关心人、理解人是相互联系、相互渗透的统一体，是党的思想政治教育的优良传统，也是思想政治教育民主原则的要求。它要求大学生思想政治教育者必须以诚相待、以诚动人、以理服人、以情感人，只有这样才能振奋人心、激发热情，从而使大学生思想政治教育更富凝聚力和吸引力。

（四）教书与育人相结合原则

教书与育人相结合原则是大学生思想政治教育工作的一项基本原则。所谓教书与育人相结合，是指教师在教学过程中，通过各种教学活动和各个教学环节，全面提高学生的素质和能力。教书与育人相结合原则的贯彻实施要做到以下两点。

1.寓思想教育于教学之中

教书育人，教学是基础，育人是关键。我们要把思想教育工作渗透到各种教学和教学的各个环节中去，把传道、授业、解惑结合起来。这就要求教师在传授知识的过程中，要注意发挥和挖掘教材的思想性、知识性和趣味性，有机地结合社会实际和大学生思想实际，调动大学生的学习积极性，帮助大学生处理好德育与智育的关系，把思想政治教育工作渗透到大学生的各项学习活动之中，使他们酷爱学习，精于专业，从而达到我们所期待的目的。

2.要正确处理思想政治教育和大学生学习活动的辩证关系

教书与育人，二者是相互联系、相互促进的。无论是自然科学还是社会科学的教师，都要结合教材特点，加强对学生的全面教育和培养，自觉地做到教书育人，发挥思想政治教育对大学生学习活动的方向引导作用和内在激励作用。但不能以此孤立地过分突出思想政治工作，过多增加思想政治教育时间，而削弱了知识学习活动，搞"突出政治"的做法势必影响人才的全面发展。因此，要教好书、育好人，就要正确把握大学生思想政治教育和知识学习活动相结合的程度、方式，以利于大学生思想政治工作作用的发挥和大学生全面发展的需要。

（五）政治理论教育与社会实践相结合原则

这是我们党长期以来，特别是改革开放以来，对大学生思想政治教育工作新经验的科学总结，具有鲜明的现实性和针对性。

在思想政治教育中既要注重理论教育，又要注重实践教育，强调行为养成，实现知行统一。理论教育是思想政治工作的基础环节，要增强对大学生理论教育的效果，就要从不断地改进学习的方式方法和载体入手，要生动活泼，讲求效果，要入情入理，用事实来教育大家，通过相应的图片和声像，宣传思想理论，通过大家喜闻乐见、愿意接受的活动形式，宣传思想理论，提高大学生的马克思主义基本理论的水平。但理论来自于实践又应用指导于实践，只有在实践中才能充分表现出其价值与魅力。通过组织大学生参加社会实践活动，能进一步加深对理论的认识，巩固和强化理论教育的成果，真正提高思想觉悟和认识能力。

（六）灵活变通原则

在高校思想政治教育过程中坚持灵活变通的原则，其实质是要求将思想政治教育目标和内容的规定性与思想政治教育过程和方法的灵活性有机结合起来。大学生思想政治教育过程是沟通人的思想和交流人的情感的过程，是用正确的思想和真挚的情感影响和感化教育对象的过程，而人的思想和情感的丰富性和复杂性，就决定了在进行思想政治教育的过程中，必须避免生硬、呆板、简单、一刀切的倾向，必须根据教育对象的思想实际和个性特征，有针对性地、灵活变通地来安排教育的情境和选择教育的方法。大学生思想政治教育灵活变通原则，还要求根据时代的变化和思想政治教育任务的变化，以及大学生求新求变的思想特点，不断地解放思想，与时俱进，跟上时代发展的步伐，不断地探索高校思想政治教育的新规律，创造思想政治教育的新方法。

（七）教育与自我教育相结合原则

教育是一种社会实践过程它是由两个相互交织的并行过程所组成的：一个是教师（包括各种教育者）的教书育人（传道、授业、解惑）过程；另一个是学生的学习、成才过程。在教的过程中要充分发挥教师教的主观能动性，而在学的过程中则要充分发挥学生学的主观能动性，二者缺一不可。因此，教育不是一个单一的社会实践过程，而是由上述两个子过程交织而成的复合过程。大学生思想政治教育也是如此。

要正确贯彻教育与自我教育相结合的原则，就要一方面加强教育，充分发挥教育的功能；另一方面，加强自我教育，发挥大学生在自我教育、自我提高中的能动作用，通过他们思想的矛盾运动来达到转变思想、提高觉悟的目的。

1.建立平等互助的新型师生关系

在大学生思想政治教育过程中，教师与学生之间应该建立起平等互动、互相尊重、互相学习的新型关系，通过有效的交流和行动的积极参与，调动教师实施教育与学生接受教育两个方面的积极性，以收到理想的教育效果。

2.重视大学生的自我教育

大学生要具备自我教育的能力，要求教育者在教育实践中通过多种途径主动帮助和激发大学生主体能力的构建。大学生要实现自我教育，充分发挥主体的能力，主要在以下几个方面着手。

（1）思想政治教育者要注重启发大学生的自我教育意识，引导他们通过自主学习、自觉参与以及反省、反思、自我思想改造等自我修养途径，不断提高自己的思想道德水平。

（2）要打好学生的理论基础。理论的学习是大学生思想政治教育中不可缺少的一环。理论教育法是思想政治教育最主要、最基本的方法，也是大学生打好理论基础最直接的方法。大学生只有具备坚实的理论基础，才能以正确的理论指引自己的行为，才能在现实中明辨是非，为自己找准努力的方向。在当代复杂多变的社会生活面前，人们比以往任何时候更加需要用科学的思想和理论来指导自己进行正确的选择和决策，以便更加有效地认识环境。

（3）要创造有利于大学生进行自我教育的条件，积极引导大学生进行自我教育。应当通过各种渠道和形式对大学生的自我教育活动予以支持、引导和帮助，鼓励大学生开展他们热爱的、健康的、有益的、丰富多彩的各种活动，使他们在活动中自我教育，相互影响。要引导他们开展批评和自我批评，在严格的自我批评和与人为善的相互批评过程中，教育自己、教育别人、相互借鉴、共同提高。要吸收大学生参加学校的民主管理，组织大学生参加社会实践活动，使他们在民主生活和社会实践中得到锻炼，增长知识和才干，增强主人翁精神和社会责任感。要有计划地组织民主讨论，引导他们在民主的气氛中各抒己见、交流思想，坚持真理、修正错误，集思广益、相得益彰。

（4）树立成功的榜样。榜样示范法是指通过具有典型、榜样意义的人或事的示范引导作用，教育人们提高思想认识、规范自身行为的方法。榜样教育具有形象、生动的特点，它是理论与实际的有机结合。大学生用榜样的力量激励自己，在心中树立成功的典范，为自己指明努力的方向，会产生更强的感染力和说服力，在自我教育中收到很好的效果。通过典型事迹可以使大学生看到榜样的成功之处，明确努力方向，从而努力奋斗，在改造客观世界的过程中全面提升自己的思想道德素质。必须实事求是地选择对自己有影响力的典型，否则难以真正从思想到行动上得到认同，也起不到典型引导的作用。

（八）尊重爱护原则

在高校思想政治教育过程中贯彻尊重爱护的原则，就是要求高校思想政治教育工作者必须尊重教育对象的主体地位，从关心爱护的愿望出发努力发挥他们的主观能动性，并进行启发诱导，促使他们积极地进行认识交流并提高思想认识水平。思想政治教育活动是主体之间的互动过程，要进行切实有效的思想政治教育，教育者首先在思想上必须树立以尊重爱护教育对象为前提的指导思想。

思想政治教育是以帮助教育对象在政治态度、人生道德、人生价值等方面，确立与社会意识相一致的个人意识为目的的一种人类精神活动。对教育对象尊重的含义是：教育者要承认教育对象是具有自己个性特征和独立人格的主体。要能够体会教育对象的喜怒悲乐，教育者和教育对象之间应以同志式、朋友式的关系进行交流，从而建立起双方互相尊重、互相交流、互相切磋、共同提高的良好关系。只有确实尊重和爱护教育对象，以真诚关心的态度，以平等的姿态来面对教育对象，才能提高思想政治教育的效果。

（九）差异性原则

大学生思想政治教育本身就是起因于教育对象现实的思想状况与社会的期望目标之间的差异和教育对象之间的思想差异，就是因为存在这种差异，所以社会就提出了对个人进行教育的要求。大学生的思想现状与社会主义发展要求之间，既存在着总方向上的一致性,也存在着具体要求上的差异性。这种差异性是客观存在的,这就是大学进行思想政治教育的起点,差异性产生的根源和影响因素是多方面的。

在高校思想政治教育过程中,承认教育对象思想认识的差异性,是进行良好的思想政治教育的起点。教育者在思想政治教育中,要从大学生的思想实际出发,在密切联系学生思想实际的基础上开展活动。

一方面教育者要不断深入学生,不断地研究学生的思想状况,在了解学生思想脉搏的基础上有的放矢地进行教育;另一方面教育者要把握大学生的不同思想层次,做到因层次而异,因人而异。在把握整体思想状况的前提下,教育者还应分析不同个人的层次类型,并对不同的个人和层次类型采取不同的教育方法,充分发挥教育的针对性特点,实现教育的预期目标。

二、大学生思想政治教育原则的特点

(一) 辩证性

思想政治教育原则体系是以辩证唯物主义和历史唯物主义为理论指导,对思想政治教育客观规律主观认识的产物。大学生思想政治教育是一个不断发展的过程,新事物、新情况、新问题层出不穷,每个人都不可能穷尽真理认识的历史长河,加之不同个人的认识能力、认识水平又有差异,因而人们对大学生思想政治教育规律和原则的认识都具有相对性。大学生思想政治教育原则之间既有区别又有联系,对各个原则的认识也不能绝对化,要看到它们之间的相容性、交叉性、衔接性。大学生思想政治教育原则是思想政治教育系统内在本质关系的抽象,只有深刻理解思想政治教育过程中的各种关系,所确定的原则才能较为符合实际。

(二) 整体性

大学生思想政治教育原则体系的整体性特征表现在以下两个方面。

(1) 大学生思想政治教育原则是以大学生思想政治教育规律作为客观依据而构建起来的;各个原则之间具有紧密的内在逻辑联系,它们相互作用、相互补益而构成一个整体。

大学生思想政治教育原则体系具有"1+1>2"的整体功能。大学生思想政治教育原则体系虽然由众多具体原则所组成,但这些原则相互关联,不可分割,在运用原则时不能顾此失彼,而应当统筹兼顾,综合运用。

(三) 层次性

大学生思想政治教育原则体系是按照由整体到局部、由一般到个别、分层次有序排列的,每个层次的原则都是在一定的范围内和条件下起作用,都有自己特殊的功能和意义。

（四）动态性

大学生思想政治教育原则是一个多层次的动态体系，不是孤立静止、僵死不变的随着人们社会实践的发展，大学生思想政治教育的新经验将得到不断总结，新规律将会不断被认知，反映这些规律的新原则也就出现了。即使思想政治教育的同一个原则，其内涵会随着实践的发展而不断丰富。大学生思想政治教育原则的运用也是随着时间、地点、条件的不同而有所不同。

第三节 大学生思想政治教育的现实对策

21世纪，大学生思想政治教育遇到了前所未有的挑战和机遇。我们应该充分认识到大学生思想政治教育所面临的新境遇，认真分析社会环境变化对大学生思想政治教育产生的深刻影响，思想政治教育在新境遇下的新变化及其呈现出的新特点等，从而寻求并创新适应新时代的大学生思想政治教育新对策，促进大学生思想政治教育的不断进步与发展。

教育对策包含的范围很广，主要针对以下几方面，即丰富思想政治教育内容、延展思想政治教育载体、提升思想政治教育水平等。

一、扩充思想政治教育内容

与时俱进是马克思主义的理论品质，大学生思想政治教育同样需要与时俱进。而扩充思想政治教育内容是为原来的思想政治教育注入新鲜血液，促进大学生思想政治教育的发展，使其顺应新媒体时代发展的潮流，确保大学生思想政治教育做到与时俱进。大学生思想政治教育发展到当今的新媒体时代，其教育内容需要丰富与创新。新时代的冲击会对原有的教育内容造成影响，使之不再适应当今时代的发展需求；当代大学生的思想行为日趋宽泛和分散，思想文化需求日益多样，价值取向日趋多元，也造成了原有的教育内容不能充分满足当代大学生适应于社会的需求。加之原有的教育内容在当今社会看来过于单一与陈旧，需要吸收新鲜成分。因此，扩充大学生思想政治教育内容是正确的选择。应从以下方面考虑丰富其教育内容。[①]

（一）发挥内容实效性

理论联系实际，是马克思主义的基本原则，是实事求是思想路线的要求，是

---

① 卢新文. 新时期大学生思想政治教育创新研究［M］. 西安：西安地图出版社，2010.

马克思主义学风的体现。而理论联系实际，就是要从马克思主义基本原理出发，联系社会实际与国内外大局，继而发现和分析问题。而在当前新媒体时代背景下，大学生渴求自由个性，思想状况层次不一，因此必须从学生具体实际出发，制定并围绕不同的教育目标来设计创新教育内容，积极开展贴近学生的教育引导活动。

发挥内容实效性必须紧扣大学生身心发展实际特点，从改革开放和社会主义现代化建设的实际出发，从大学生的思想实际出发，将时代特征与世界观、人生观、价值观教育紧密结合，联系思想教育与知识传授，例如开发"时政教学"模式，挖掘时政新闻与教材知识的交汇点，将国家要事、社会大事、百姓难事融入到思想政治教育中来，成为一部生动的现实教材。

（二）创设内容层次性

在新时代背景下，思想政治教育不能仅停留在澄清价值与传授知识的表层，而要走向价值抉择与理念明确的里层，这便要求思想政治教育的内容不能只做门面功夫，而是要做到层次分明，内涵丰富。有学者曾将思想政治教育内容分为三个层次。

第一层次是以"马克思主义基本原理概论""毛泽东思想和中国特色社会主义理论概论""思想道德修养与法律基础"等思想政治理论课为主，这一层次居于思想政治教育内容的核心地位；第二层次是以参考资料、典型案例以及与其相关的链接网站等与核心内容相符合的背景知识介绍和述评为主，这一层次居于次要地位；第三层次是以大量集合新的观点、优秀成果和名师讲座等形式为主，主要目的为拓宽学生的视野，使教育居于内容本身的延伸线上。

创新思想政治教育内容可以充分发挥新媒体优势，利用逐步渗透、层递进的方式，构建传统思想政治教育内容与创新型思想政治教育内容相结合的体系，其中既有中国特色社会主义理论体系的思想教育，党的基本路线、基本理论、基本方略教育，中国革命建设的教育，民族及时代精神教育，社会公德、家庭美德、职场道德教育，也有健康教育、人文精神及科学素质教育、法制道德教育、心理健康教育。将思想政治教育与大学生特色及新媒体时代需求结合起来，才能更好地发挥教育的更大功能。

总而言之，创新思想政治教育内容必须以受教育者的背景、喜好及需求为基础，创设层次多样的教育内容，提升思想政治教育内容的针对性。

（三）重视内容服务性

就本质而言，思想政治教育其实更像是一种提升大学生思想素质的服务，思想政治教育内容需要一定的说教成分，但更应包含心理层面的辅助，着力扭转大学生在世界观、人生观、价值观方面遭遇的迷茫困境，全力解决大学生在学习、事业、爱情等方面遇到的困难问题，立足尊重、信任与关怀，帮助大学生树立正确的价值观念，使其成为明辨是非的主体，使其顺乎社会主流发展趋势的要求。

注重教育内容的服务性，是创新思想政治教育内容的一个较为重要的方面，是创新思想政治教育内容的可靠路径，是构建思想政治教育的正确途径。思想政治教育内容的服务性应注重发挥大学生的积极个人因素，摒弃消极个人因素，用以人为本的教育理念为指导，为大学生创设倾诉与表达的平台，积极鼓励其投身社会主义主流文化的建设。

二、丰富思想政治教育载体

思想政治教育载体，是指在思想政治教育的过程中，能够承载和传递与思想政治教育有关的内容或信息，并为思想政治教育主体所运用，促使思想政治教育主客体之间互动的活动形式和物质实体，它包括传统载体和现代载体两种。

传统载体指的是思想政治教育过程中早已产生且至今仍持续发挥作用的载体，主要包括研讨会、座谈会、面谈等形式。现代载体则指的是随着现代社会发展而产生的带有全新时代特征的载体方式，从当前来看，新媒体便是现代载体的重要部分。①

此外，若是从活动主体、方式的差异角度来分类，也可将载体形式分为物质载体（如校园风格）、制度载体（如学校管理规章制度）、精神载体（如校园文化活动）、传媒载体（如传统的广播、报纸、电视、书籍等传统传媒和新媒体）等等，伴随新媒体时代的降临，思想政治教育的主客体呈现多重发展趋势，丰富载体成为了进行思想政治教育工作的重要手段。

（一）加强载体数字化建设

当今时代，数字化技术日新月异，蓬勃发展，对思想政治教育的革新也起到了强有力的推动促进作用，深入建设数字化教材体系，努力开发与大学生身心发展特点相匹配、与思想政治教育目标与任务相吻合的优秀新媒体教学软件，不仅是与时俱进的创举，更是发展思想政治教育载体的有效途径之一。在加强数字化载体建设的实践方面，我们可以看到许多生动而又富有实效的事例，例如清明网上公祭活动、网上党建论坛、网络党校以及虚拟班级等等，这些数字化载体的具体体现，从一个侧面反映出了浓浓的时代气息。

（二）加深载体复合化建设

作为结合了传统媒体与现代媒体的独特的生态系统，校园载体具有整体性、

---

① 卢新文. 新时期大学生思想政治教育创新研究［M］. 西安：西安地图出版社，2010.

开放性及动态性等特点，归结成一点，便是具有极强的复合性。因此，校园载体复合化建设是否深入直接影响到其载体最大功能的发挥。加深载体复合化建设，首先必须巩固加强传统媒体教育，发挥校园电视台、广播、宣传栏、校报、校刊等宣传阵地在校园文化建设中的传统优势。

其次，应在融合校园各类媒体的基础框架上，创建新的媒体环境，重新整合各类媒体，打造新的媒介形式，如可运用体育场媒体、教学楼媒体、生活区媒体、校园走道媒体等形式展开思想政治教育活动，具体媒体形式可参见表1-1。

表1-1 校园开展思想政治教育的新媒体

新媒体种类	具体内容
食堂媒体	立柱
	墙面
	镜框
	餐桌
宿舍媒体	门贴
浴室媒体	墙面
	立柱
	柜贴
公共通道媒体	楼宇展架
	灯箱
	镜框
	电梯广告框
运动场媒体	围栏
	立柱
	仪表镜
	共用电器外壳

对各类校园媒体的有效运用，有利于构建意识形态及思想政治教育阵地，通过持续传递正确的思想观念及指导价值，继而营造融洽的育人氛围，促进当代大学生思想政治教育实效性效果的实现。

（三）加快新旧载体互动化建设

首先需要明确一点的是，新媒体的所谓"新"是相对的，它同样是在不断发展变化的。例如与报刊相较，广播是新媒体，而与电视、网络相较，广播则又退位为旧媒体了。实际上，新媒体与旧媒体长期共存，并无完全取代之说。新旧媒体只有广泛开展合作，加快互动化建设，才能适应不同文化程度、不同经济条件、不同个人偏好的大学生的个性化的需求。

这方面要做的工作我们要从以下几个方面着手：一方面是将新媒体技术与传统教育方式进行有机结合，充分发挥载体的合力作用，令传统思想政治教育得以朝着创新道路前行，从而丰富思想政治教育途径与方法，满足不同学生群体在不同阶段下接受思想政治教育的需要；另一方面，则要探索虚拟空间与现实空间相统一的工作新思路，既要通过网络、手机等新形式采集学生的心理动态，也要通过意见箱、报告会等旧形式分析处理学生的思想问题。

尽管新媒体技术在信息传播中已扮演了至关重要的角色，但传统媒体在公信力及导向性方面却始终保有自己的独特优势，在今后较长一个阶段内都不会被新媒体技术完全取代。因此，在新媒体时代背景下，只有将新媒体与旧媒体进行有效融合，才能形成良性互动、优势互补的新格局，推动大学生思想政治教育工作效率的最优化。

三、提升思想政治教育水平

思想政治教育水平的高低与教育者自身以及其教育工作如何开展等因素密切相关。教育者始终是教育的主力军。教育者综合能力的高低在很大程度上能够决定教育质量的好与坏。因此，为了确保和提升当代大学生思想政治教育的质量，必须要拥有一批素质高、综合能力强、创新意识突出的教育工作者。另外，为了保证教育的实效性，如何正确、合理而又有效地开展当代大学生的思想政治教育工作，也是一个关键因素。

（一）切实提升大众传媒从业人员综合素质

根据传播学原理，大众传播效果的形成受到多种因素和条件的制约，但在这一过程中居于最优越地位的无疑是作为传播主体的传播者。传播者掌握着传播工具与传播的手段，还决定着传播信息内容的取舍，是传播过程的控制者，发挥着主动的作用。

当代社会，随着生活节奏的日益加速，人们的日常生活受大众传播的影响也逐渐加深。大学生的日常生活与大众传播紧密相连。大众传播在为大学生日常生活带来诸多积极影响的同时，也不可避免地带来了一些负面效应。一些不良言论会对大学生的价值理念产生干扰，更会侵蚀大学生的心智。要解决这些问题，就必须牢牢把握大众传播的舆论导向，使其发挥正面的传播和教育效果。这个时候，作为控制者的大众传媒从业人员便起到了至关重要的作用。因此，只有切实提升大众传媒从业人员的综合素质，才能开辟出一条正确畅通的思想政治教育信息传播道路。

1.进一步提高大众传媒从业人员的政治素质

由于受众复杂多样,大众传播的道路也必然是多样化,但不管怎样蜿蜒曲折,其大方向必须是始终沿着中国特色社会主义发展路径前行。因此,作为大众传播活动的引领者,大众传播从业人员必须注重培养自身政治素养。

一方面,要积极主动地提高自身理论政策水平,深化思想政治意识,树立正确的传播观;另一方面,要不断努力提升道德素质和文化素质,加强自身责任感和自律性,使自己成为道德高尚的传播者,从而把积极向上的信息传播给广大大学生。

2.要完善大众传媒从业人员的自律机制

自律是社会道德责任感的一种重要体现。传播者只有遵从职业操守,恪守道德规范,实事求是地传播信息,才能在受众中产生积极影响。媒体只有发挥好监督职能,曝光不良风气,宣扬社会正能量,才能形成良好的社会舆论氛围。也只有依托优良的社会舆论环境,思想政治教育工作才能达到预期的良好效果。

(二) 培养专业的思想政治教育者

发挥好大众传播载体的思想政治教育功能,除了需要切实提升大众传媒从业人员的综合素质之外,对广大思想政治教育者进行培养也很必要。加强思想政治教育者队伍的培育,提高思想政治教育者的综合素质,将更有利于利用大众传媒载体落实好当代大学生思想政治教育工作。

1.要更新观念

观念促成行动,要培养专业的思想政治教育队伍,必须要以现代化的思想政治教育观念为先导,着力转变固有的旧观念。

一方面,思想政治教育者要明确大众传播载体的有效地位,认清其在思想政治教育工作中起到的关键作用。大学生思想政治教育活动必须有效利用大众传播载体,调动大学生在思维模式、生活方式等方面的有效转变;另一方面,思想政治教育者也要认识到当代思想政治教育工作在新媒体时代背景下的紧迫感,必须从提升自身政治理论水平出发,牢固掌握思想政治教育规律,深度熟悉大众传播相关知识,深入把握大众传媒特点,这样才能从容应对大众传播带来的种种挑战。因此,新媒体时代的思想政治教育者要时刻带着新认识和新观念,牢牢把握住大众传播这个载体。

2.要学习传播学技巧

所谓传播技巧,指的是在传播活动中,为顺利达到说服目的而采用的方法与策略。它是通过对传播规律、原理进行灵活运用而表现出来的一种既特殊又具体的传播方法,其主旨是为传播内容服务的。传播技巧是传播理论的关键要素,是传播者的理论经验与政治素养的集中体现，通过合理地运用传播技巧来组织思想政治教育信息的传播，可以有效地将要传播的信息传给受众，作为新媒体时代的思想政治教育者，在充分利用大众传播载体的同时，还应积极主动地将传播技巧整合到具体的思想政治教育活动中来，切实加强思想政治教育活动的传播效果。专业的思想政治教育者队伍的发展壮大，需要思想政治教育者们深入学习贯彻传播学知识，理解传播学技巧，利用扎实的理论知识，结合学生实际特点展开具有强烈感染力的生动活泼的思想政治工作，只有这样才能达到预期目的。

（三）发挥多种媒体良性互动的综合效应

大众传播的不同传媒具有的优势和特点各不相同。如何有效地利用不同传媒的特点，形成多种媒体优势互补、良性互动的综合格局，是我们在创新大众传播载体时应大力思考的问题。

第一要了解和熟悉各类传媒的特点，有针对性地开展思想政治教育工作。不同的大众传媒具有自身与众不同的特点，不同的接受者对大众传媒的接受程度也不尽相同。例如对于报刊、书籍而言，大学生文化程度较高，对其巨大的信息量及丰富的内容能较好地理解，因此它的理论色彩可以相对浓厚一些。而电视、网络等更新速度快，应尽量避免使用晦涩难懂的表达方式，而应多采用明快简洁的语言来进行信息传递。因此，思想政治教育者应当根据不同情况，采用不同的传播方式，以期达到最优的教育目的。

第二则要多种媒体优势互补、良性互动，全方位多角度地展开思想政治教育工作。大众传媒形式多样，不论报纸、广播、电视、网络都能够独立担当思想政治教育的有益载体，并且灵活地发挥好其教育功用。因此，思想政治教育者应灵活运用各种传媒手段，加强各类媒体的导向作用，在传播中潜移默化地渗透道德理念与精神价值。此外，思想政治教育者还应协调好各种传媒方式之间相互补充的关系，发挥互补性，提高影响力。

第三是要认可教育客体的主体性，加强互动性。在大众传播活动中，尊重认可教育客体的主体性，是增强其主体意识的必然要求，也是运用好大众传播载体的客观需要。而"互动"则可以充分体现受众的利益，令受众自愿地参与到大众传播的活动中来。因此，调动大学生的主体意识，令其参与传播互动，不仅能使大学生的精神文化需求得以满足，而且也能使其利益得以体现，目的得以实现。

第二章 大学生思想政治教育的理论指导和方法指导

大学生思想政治教育要想得到发展和提高，就需要有理论来进行指导。它之所以能进行科学的发展，就是因为有马克思主义理论这一坚实的理论基础。在发展过程中，还需要对其他学科进行理论借鉴。

第一节 大学生思想政治教育的理论指导

马克思主义基本原理是我国各项事业发展的理论指导。在大学生思想政治教育中要重视马克思主义学说，以马克思主义理论为指导。马克思一生都在研究人类的自由解放，其中，人的全面发展是这种思想的核心问题。而大学生思想政治教育说到底就是人的教育，就是要培养出全面发展的人才。对马克思关于人的全面发展学说进行研究和借鉴，有益于更好地开展大学生思想政治教育。

一、马克思关于人的全面发展学说的内涵

从根本上来看，社会问题也是人的问题，社会的发展根本上是人的发展，人类的全面发展才能带动社会的发展。马克思的人学理论提出，教育是一种提高社会生产力的办法，同时也是促进人的全面发展的唯一途径。在当代大学生思想政治教育中，马克思的人学理论不仅是促进人的全面发展的重要内容，同时对于大学生的思想政治教育有着十分重要的推动作用。[1]

马克思的人学理论具有丰富的理论内涵，其中核心部分是关于人的全面发展学说。充分、正确地对马克思关于人的全面发展学说进行学习和研究，对新时代

---

[1] 贾灵充，周卫娟，赵艳娟. 当代大学生核心素养与思想政治教育研究[M]. 北京：新华出版社，2018.

中国特色社会主义思想政治教育发展具有重要的战略意义。马克思关于人的全面发展学说的内涵主要包括以下三个方面。

（一）人的能力全面发展

按照马克思人学理论的指导，人的发展是社会的发展本质，人的发展逐步向全面发展进行是一个必然的历史演变过程。人在社会中进行活动、人在社会中生存，一定会与人、与社会产生各种联系。社会发展必然会引起社会分工，社会分工的发展就需要通过人的全面发展进行，为了实现人的全面发展，就要求人在体力和智力、能力和志趣、道德精神和审美情趣方面进行全面发展、多方面的发展，从而实现智力和体力的统一，精神劳动、物质劳动和享受的统一，生存和发展的统一。

马克思在关于人的全面发展学说中提出，人以一种全面的方式，作为一个完整的人，最终占有自己的全面本质。这种人的全面发展必须建立在大工业生产和科技高度发展之上。大工业的特点是先进性和革命性，大工业的生产活动对劳动者的要求有着本质的转变，同时具备几种技术或能力的劳动者会替代片面发展只掌握一种技术或能力的劳动者，以这种方式促进大工业的发展，同时促进只掌握一种技术或能力的劳动者进行学习，发挥自己的内在潜能，以人的全面发展推动社会的全面发展。所以可以看出，全民发展的主体是社会全体成员，而最终的发展结果将转化为社会成员的权利。

人的全面发展可以理解为人的能力的全面发展，这种能力不仅是指体力和智力，而是指人的一切可以发展的能力，不论是外在的还是内在的。马克思认为人类的职责和使命就是全面发展自身的能力。将人类被赋予的一切能力通过劳动加以开发，最终将人的潜在可能性最大限度地开发与落实，使人成为全面的人，推动社会向前发展。

马克思关于人的全面发展理论中提到的能力主要可以分为两类：一类是显性能力，它是可以从外部看到的，例如体力、智力、德行等；另一类是隐性能力，它不能从外部直接看出，是一种运用自身的知识和技能去解决问题的内在能力，例如思维能力、判断能力、逻辑能力等。不论是显性能力还是隐性能力都是人的全面发展的重要内容，想要成为完整的人就要充分激发自己的全部潜能，全面发展各方面能力。并且，这些能力不是相互独立的，它们之间有着错综复杂的关系，相互依托、共同作用。例如人的智力与理解能力、思维能力等就有一定联系；人的体力、意志力等都包含着一定的自然力人的社交能力需要依靠思维能力、逻辑能力、表达能力等。[①]

要想使人得到全面发展就需要一系列具体条件。教育是实现人的全面发展的必然途径，通过教育，可以提高人本身就具有的能力，同时可以引导和激发人的内在能力。在马克思关于人的全面发展学说的理论指导下，人能够充分认识自然、认识社会，作为主人推动历史前进和社会发展。

（二）人的个性全面发展

人的个性指的是一个人在思想、性格、品质等方面的独特性，表现在一个人的行为方式、情感方式等方面。人们在生活中体现出的外在能力、性格特质、心理倾向等都属于个性，每个人是不同的，因此其表现出来的个性也是不同的，个性具有独特性和差异性。个性的最高表现形式为人的创造能力，它的本质是主体对现实的超越。

个性发展是马克思主义关于人的全面发展理论的核心内容。马克思在研究中十分注重人的发展的研究，因为人的存在才可能有人类历史的存在。马克思主义提到的个人发展，是指人的全面、自由、和谐发展；他所指的个人，是社会中的人，而不是单独存在的个体。因为人的个性是人的本质体现，所以说人的个性发展是一种本质发展。发展个性，就是人的内在构成要素的协调发展，同时也是各种心理要素的完善。因为每个个体具有特殊性，所以人的全面发展要尊重这种个体差异性，根据不同个体的个性、心理、兴趣等进行不同发展。

1.人的个性具有独特性

每个人都是不同的，个体与个体之间存在差异，如果忽视这种独特性进行无差别的发展会影响到人的自由发展，这反而是对人的全面发展不利的。采用无差别的固定发展模式会限制人的自由发展的空间，会影响人的个性发展，会影响人的创造力的发展。马克思提倡的全面发展是一种尊重个体、注重个性的发展方法。马克思认为在确定人的全面发展的大目标后，要进行尊重个体个性的发展方式，虽然最终目标是每个人实现全面发展，但在实现目标的路径上应该根据个体差异而进行。因为，马克思认为，人的个性是推动社会发展的重要动力，不可忽视。

2.个性发展体现在个体的自主性发展上

自主性发展是以人的全面发展为基础的，指的是人按照自己的意愿进行个性化发展。从马克思主义来看，可以认为独立、自主、自由是一个连续的发展过程，只有个体达到独立才能形成个体的自主，只有个体自主才能达成个体自由，而只

[①] 贾灵充，周卫娟，赵艳娟. 当代大学生核心素养与思想政治教育研究［M］. 北京：新华出版社，2018.

有在自由这一基础条件下，才会形成个性。真正意义上的全面发展是以尊重个体为基础的，保证个体的独特个性，进行有个体差异的多样化发展，不是固定模式的单调发展。只有使人的差异性得到充分发挥，才可能激发出个体的全部潜能。为了使人们的个性得以彰显，就要为每个个体在社会中提供空间，并为个体提供充足的发展时间。因为想要促进全人类的全面发展，就要尊重每个个体的个性，让他们的独特个性有机会得以充分展示，只有这样，才能充分激发个体的活力和生命力，才可能实现个体内在潜能的发展，进而实现个体的全面发展。

3.个性发展是人的主体性水平的全面提高和发展

主体性指的是凭借自身综合能力与实践活动而处于支配地位，成为个体所具有的特殊属性。人的主体性是人在实践活动中所表现出来的能力、作用、地位，也就是人的目的性、自主性、能动性、创造性等特性。人的主体性的全面发展有两个方面的含义，一方面是指使其特殊性充分发挥，另一方面是指人成为自然、社会以及自身的主体。按照马克思的理论，可以理解为通过发展人的主体性，人会成为社会的主人，成为自然的主人，进而成为自身的主人，一个完整的自由的人。

4.个性发展是人的价值全面实现

这里提到的价值内涵有两个方面，一是人对社会的价值，二是社会对人的价值。人本身是价值的主客体的统一。人在社会中是价值的受众，同时自身也会创造价值。人的价值主要体现在个人价值和社会价值上，两者相辅相成、紧密联系，个体通过社会实现自我价值，在这个过程中也体现了个体的社会价值。个体是具有差异性的，所以个体的价值也各不相同，人的价值不可能被模式化，也不可能由外界进行设计和打造。人的价值是在尊重个体个性的前提下，表现出来的一种形态。

在很长一段时期内，教育者在对学生进行思想政治教育的时候，往往把重点全部放在人的社会价值上，但人的自我价值却被忽略了。虽然社会价值是人的价值的主要体现，人的自我价值也是通过社会得以表现的，但随着社会的不断发展和进步，人的自我价值在推动社会发展中也占据重要地位、起着重要的作用。按照目前的社会发展来看，人的全面发展、人的自我价值实现，将会成为推进社会发展的重要力量。所以，大学在进行思想政治教育时要尊重学生的个性，要为大学生自我价值的实现提供时间和空间，让他们的个性得以展现，帮助他们实现全面发展。人的个性发展是符合社会价值的，是一种人性化的自由化的发展。

人的全面发展的性质使得人的任何状态都具有历史性和暂时性，并没有哪个具体的状态意味着发展达到了最终程度，它永远是个阶段性的状态。全面发展并不会到达某一个阶段就停止，它没有一个具体的最终形态，这种发展是人的一生都在进行的。所以，不能让学生认为毕业就代表着发展的终结，毕业只是一个阶段的结束，马上就应该开启下一个阶段，能力的发展是没有终结的，全面发展是一个持续的长期的过程。目前还存在很多对全面发展的不正确认识，比如对教育目标进行过度设计、对自身价值体现的忽视、对文凭等证书的过度看重等。[①]我们应该让学生理解，全面发展是一项终身事业，是需要不断努力、循序渐进去实现的目标。

（三）人的需要全面发展

人是追求全面发展的，但总会有一些社会因素对其进行干扰，让人们不能自由地进行全面发展。在过去很长一段时间内，人们的需要总被社会压抑，想要促进人的发展，就要建立使人能够解放的社会形态，社会的发展方向要以人的解放作为指导，力争建立符合人性发展的社会。人的需要是想要获得客观事物的心理倾向，是根据内外客观环境做出的反应，它发源于自然性要求和社会性要求，同时它还可以从内部推进人的全面活动。人在开展全面活动时，可以形成多层次的需要体系。

马克思提出，人的需要就是人的本性的反应，这就说明个体按照意愿开展活动以获取自己的需要，是个体的权利，同时这种发展也有助于人的全面发展的提高。

人的需要具有丰富性和普遍性，发展人的需要有助于人的全面发展的实现，它是人的全面发展的条件，只有满足人的需要才可能达成人的全面发展。人的需要不是模式化固定化的，而是根据人的独特性有不同的需要，个体通过对这种独特性的需要进行探索和发展，最终达成人的全面发展。而且，需要是持续的，会不断有新的需要产生，不停地探索和追求就是发展的过程，所以人的需要的发展促进人的全面发展。

二、人的全面发展学说对大学生思想政治教育的理论指导

马克思关于人的全面发展学说对大学生思想政治教育具有重要的指导作用和价值。思想政治教育是促进大学生全面发展的重要途径和方式，对大学生的成长具有至关重要的作用。

（一）全面发展学说要求大学生思想政治教育以大学生全方位协调

---

① 周志文. 马克思关于人的全面发展的学说及其对当代教育的启示[J]. 涪陵师范学院学报，2004(10): 76-79.

发展为宗旨

要实现人的全面发展就要对人进行全面且良好的教育。以马克思关于人的全面发展学说作为理论基础，联系当前大学生的实际情况，高校进行思想政治教育必须要具有时代性，教育目标要以大学生的全面发展为重点，其目的是提高大学生的整体素质，为他们今后的全面发展提供基础。具体表现在以下三个方面。

1. 大学生的身心的全面发展

根据当今社会状况以及大学生的生活思想状态，进行符合大学生全面发展规律的思想道德教育，要注意尊重大学生个体的个性差异，采用多种渠道和方式，打开思路、放宽视野，全方位地促进大学生身心健康的成长。现在是一个竞争激烈的时代，不论是学校还是社会都充满了各种竞争，很多学生无法自己调整好心态，导致一些心理问题的出现。这时，就需要高校进行适当的心理疏导来帮助学生面对和解决自己所面临的问题。教育者要开展思想政治教育，让学生们可以正确地认识自己、认识他人，能够在激烈的竞争中保持良好的心态，帮助他们进行心理疏导，引导他们进行自我疏导和自我调节，面对挫折和挑战要保持积极向上的乐观态度，帮助他们全面发展，形成健全的人格。

2. 大学生的活动能力的全面发展

人的活动能力主要有认识能力和实践能力，要同时全面发展这两种能力。为了发展认识能力，应该鼓励学生深入实际，调查研究，占有丰富的感情材料；还要勇于思考，善于思考，通过现象看到本质。为了发展实践能力，应该鼓励学生积极参加实践活动，丰富自己的认识，要杜绝认识先于实践的唯心理论。要调动学生发展自我的积极性，根据个体个性激发他们的内在潜能，全面发展学生的活动能力。这需要开展丰富多样的课外实践活动来进行补充和完善，特别是思想政治理论课当中的实践教学环节，通过理论与实践的结合来不断提升大学生的活动能力。

3. 大学生个体和社会的协调统一与全面发展

协调发展既是人的全面发展的重要内容，也是人的全面发展的前提。人的协调发展是指人与社会、自然、自身之间建立起和谐的关系，进行协调性的发展。高校进行思想政治教育，应该同时注意这几种关系，让学生能够与社会、自然、自身进行协调发展。

教育者在对大学生进行思想政治教育的时候，要注重教育与实践相结合，不能只对大学生授以书面的理论内容，要根据不同学生的不同情况进行合适的教育。走进学生的生活，全面了解学生的学习和生活，在了解学生面临的具体困难后，再与其进行沟通和交流，帮助他们构建健康向上的心理状态，帮助学生能够正确地对待社会、对待他人、对待自己，帮助他们全面发展。对校内的困难学生要给予特别的重视,帮助他们完成学业,帮助他们塑造正确的认识,让他们可以以健康良好的心态和状态进行学习和生活,为他们今后的发展打下基础。

在对大学生进行思想政治教育的时候,要重点培养大学生自立意识、竞争意识、效率意识、民主法制意识,求知精神、科学精神、服务精神、开拓创新精神等,要引导学生以全面发展为目标要求自己。同时注重大学生自觉主动性的培养,让他们可以自主学习、自主发展,使学生可以自我协调地发展。当今大学生,存在着信仰缺失的问题,这导致他们没有人生方向和奋斗目标,教育者应该对他们的心理模式以及内心需要进行探索和分析,挖掘学生的内在潜能,激发他们的活动动力。按照马克思人学理论的思想,培养学生健康向上的世界观、人生观和价值观,让他们找到人生理想和前进的方向,建立良好的意志品质和道德理念,促进学生健康成长、全面发展。

(二)全面发展学说要求大学生思想政治教育充分尊重发展的差异性

马克思的人学理论关注人的全面发展,但也注重人的独特性,他提倡在尊重人的个性的基础上进行全面发展,只有这样才能激发出人的潜能,实现全面发展的目标。

时代的发展,不仅科学技术取得了进步,人的理念和观点也有了重大的转变,人的主体性成为了推动社会进步的核心,人们的主体意识不断增强。主体性是人的本质属性,忽视或是压抑人的主体性是违背发展规律的行为。在当前社会,人的主体性发展渐渐地不再受到压制,人们的主体性得到解放,开始更为全面的发展。

在当今社会,大学生思想政治教育不再像传统的教育模式那样,"填鸭式"地向学生灌输知识和理论,忽略学生的主体性,将学生作为一种载体和工具进行教育。而是将学生作为教育活动的主题,尊重学生,根据学生的个性特质进行适当的教育。学生的主体性发展对其全面发展有重要作用。如果忽略学生的主体性,学生在接受教育时会失去动力和热情,也不会主动进行思考和研究,这样不会有好的教育效果,也无法提高学生的能力。

给社会培养合适的人才是进行思想政治教育的目的之一,而现在这个时代需要具有创新精神的人才,这样的人才只有在尊重个体的主体性的基础上才能培养出来,因为创新精神需要强大的内在动力支持。个性是主体性的一个独特表现,创新精神和创新意识是个性发展的一种表现形式,不可以只强调这种表现形式而忽略个体这个整体。如果只强调个性中的一个方面,就会导致学生的个性发展出现片面性,不利于学生的全面发展。为了全面发展学生的个性,高校应该进行教育制度的改革，要通过正确的引导，调动学生的主观能动性，激发他们的内在潜能，以此促进学生可以按照个性自由全面发展。这需要高校通过各种方式和方法进行多样化的教育，要尽可能地满足学生的个性需要。

全面发展和个性发展这两者应该同时进行着，从本质上来看，它们的发展方向和目标是一致的，全面发展是个性发展的基础，个性发展是全面发展的条件。[①] 因为内部原因和外部原因，每个学生都存在独特的个性，他们的外在条件、心理特征、兴趣爱好和人生理想都不相同。学校应该在尊重学生的个性的基础上进行思想政治教育，要重视学生独特的个性，个性发展才能更好地激发内在潜能。学校应该建立一个基本的目标，包括德、智、体、美、劳各个方面的内容，在保证这个大前提的要求下，根据学生的个性进行不同的教育，采用最适宜的方法，使用最合适的内容。教育者要充分了解学生的个性，注重学生的个性发展，采用合适的方法引导学生的全面发展。只有在尊重个性的前提下进行的教育，才能培养出有创造精神的学生。

（三）全面发展学说要求平等对待所有学生

要想实现人类的解放就需要实现人的全面发展。只有实现社会全体成员的全面发展，才能实现人类的彻底解放，进而才能实现社会的彻底解放。人的自由全面发展学说提出人的发展受生产力和生产关系的制约，也就是说我们在开展教育的时候应该充分利用现在的生产力和生产关系。人的发展是不能独立存在的，而是由与他有直接或间接的人的发展决定的，这种联系是具有连续性的，可以随着时间流传。后代的发展无法脱离前代的发展，他们继承了前代的生产力和生产关系。也就是说，发展是一个长期的持续的过程，具有继承性，一个人的发展是与其他人的发展密切相关的。这种发展无法脱离前代人的历史，也无法脱离与自己同时代和自己产生联系的人的历史，而是由这种历史决定的。

教育和人的发展两者是密切相联的，所以教育与人的发展一样具有时代性和区域性。根据马克思的人学理论，高校进行主题教育必须关心每个层次学生的不同需要，要按照学生的发展规律展开教育。要用平等的目光看待每一个学生，尊重学生的个性，促进每个学生的全面发展，不能将目光只放在所谓的优秀学生身上，而是要关怀全体学生并帮助他们进步。要根据不同学生的不同个性和特点进行教育，做到走进学生的生活，因材施教。同时为了达到更好的教育效果，高校应该开展丰富多彩的教育活动，不能让教育过于单调枯燥，尽量地多元化。比如同时开展家庭教育、学校教育和社会教育等。只有这样才能使高校主题教育是有

---

① 沈绍辉. 素质教育要重视培养学生鲜明的个性 [J]. 教育与现代化，2001 (09)：88-90.

效的，是能真正帮助学生全面发展的。有效教育的目的是全体学生的全面发展，激发每一个学生的内在潜能，更好地完善自己。

第二节 大学生思想政治教育的学科借鉴

大学生思想政治教育的完善和发展需要对有关学科及时借鉴、参考。本节主要研究大学生思想政治教育对心理学和社会学这两个学科知识的借鉴。

一、对心理学的借鉴

心理学作为一门研究人的行为、思想、观念的学科，对大学生思想政治教育也有重要的指导和借鉴意义。在教学和研究的过程中，要充分发挥心理学相关理论知识的积极作用。

（一）借鉴心理学理论知识

1.对认知心理的理论知识借鉴

认知是一种有关于心理方面的活动，具体包括感觉、知觉、注意、记忆、表象、想象、思维等过程。这些内容细分来看，又可以归结为两大类，分别是感性认识和理性认识，其中感性认识包括感觉、知觉、注意、表象等，而理性认识包括思维、想象等。

认知过程是一个有秩序、有规律可循的过程，并不是杂乱无章、毫无规律可循的过程。有关认知心理的理论知识，皮亚杰在对人进行了从小到大的观察与实验之后，把认知发展分为了四个阶段，分别是感知运动阶段、前运算阶段、具体运算阶段和形式运算阶段。他认为，年龄阶段不同，相伴随的认知发展水平也是参差不齐、高低不一的，因而在对人进行相关的教育时，也要考虑到这一点，在教育过程中必须保持与人的认知发展相一致，针对不同的阶段相对地实施不同的教育，有针对性的教育，可以使教育的效果达到最佳状态。大学生思想政治教育对于认知理论知识的借鉴主要包括以下三个方面：

其一，大学生思想政治教育对认知过程的研究要予以重视，把认知过程作为基础来对大学生思想政治教育过程进行相关的设计。即重视教学过程中的师生互动，特别是要重视教师的教学引领和示范作用的发挥，提升学生的认知能力和水平。

其二，大学生思想政治教育要通过对认知心理理论知识的相关研究来对认知心理因素做出充分的调动，通过对注意规律、重视感性认识的积累、培养思维能力等方式的合理运用，使大学生思想政治教育的实效性有所提高。

其三，大学生思想政治教育在对认知图式的建构和改造重视的同时，对于认知策略的学习和训练也不能忽略，应予以重视。在思想教育过程中，注重策略和方式方法的借鉴，要加强用所学理论知识分析社会现实问题的能力，促进大学生思想政治素养和理论水平的提高。

2.对动机心理的理论知识借鉴

有关心理学家认为，动机是一种内在的条件，它可以使有机体开始进行目的明确的运动，也就是说，使有机体时间或长或短地开始某项行动。动机又可以分为内在动机和外在动机，通常来说，动机受到内在驱力和外在刺激的影响。大学生思想政治教育对动机心理的理论知识的借鉴主要包括以下两个方面。

第一，大学生思想政治教育对动机心理的研究特别的重视，不仅对于动机分为内在动机和外在动机表现得十分关注，而且对于动机受到内在驱力和外在刺激的相关影响也是极为重视。通过对动机的研究，明确思想政治理论课的症结所在，加强大学生对思想政治理论课学习的兴趣和信心。

第二，大学生思想政治教育对于利用内在动机、辅助利用外在动机来实施动机激励法以达到教育的预期效果也应重视，针对激发学生学习的动机和需要的教学切入点进行相关方面的寻找，利用需要的相关途径使学生的学习动机被激发，利用合理的诱因激活学生已有的学习动机，对学生需要和动机进行预测和引导。

3.对群体心理的理论知识借鉴

人是群居动物，所以生活方式也是以群居为主，一般来说，人是不可能离开社会而单独存在的。就个体心理和群体心理来说，它们之间有着很大的差异，存在很大的区别。

社会心理学研究的主要内容就是群体心理，社会心理学被看成是一门就人们如何看待他人、如何影响他人、如何互相关联的种种问题进行科学研究的学科。一般认为，社会心理学通过对群体心理的研究发现，人在群体中特别容易受到来自群体的影响，从而产生从众心理和服从心理。

在这方面，社会学家戴维·迈尔斯就指出，受害者的情感距离、权威的接近性与合法性、权威的机构性和群体影响的释放效应都会引起从众和服从。这些认识和看法，对于支持大学生思想政治教育对群体从众心理和服从心理的理论知识的借鉴极为有益和必要。

这就要求大学生思想政治教育在对主体的研究中：一是要对群体中个体产生的一般心理的特点和原因进行相关的研究；二是要对群体的一般心理特征与其发展的趋势进行相关方面的分析；三是要对前面两者进行具体的分析之后，再对群体的动力规律进行把握，对于从众心理和服从心理进行正确的引导、使得群体凝聚力有所增强和促进群体规范建设来开展思想政治教育工作。

（二）借鉴心理学的研究内容和研究成果

1. 对心理学研究内容的借鉴

人的心理现象及其规律的科学是心理学主要的研究范围。它的研究内容主要围绕人自身的一切来进行，其中主要包括人的行为、学习和记忆、感觉、知觉和注意、语言、思维和推理、认知发展、社会性发展、智力、人格、情绪、动机等。

大学生思想政治教育对心理学相关的理论知识在进行借鉴的时候，要有针对性，并不是把所有的内容全都借鉴来运用，而是有针对性地借鉴那些可以使大学生思想政治教育内容更丰富的方面。大学生思想政治教育在对心理学进行借鉴的过程之中，主要包括个体意志行为、认知心理、情绪情感心理以及群体心理四个方面的研究内容。

（1）对个体意志行为相关内容的借鉴

对于大学生思想政治教育的过程来说，它既是教育者对受教育者实施相关教育的过程，又是受教育者通过自我教育把外化的认识内化为个体行为的一个过程。

从这个意义上来说，大学生思想政治教育需要对心理学研究的意志与行为的内容进行相关的借鉴：第一，通过思想政治教育来对受教育者的意志进行一定程度的锤炼；第二，通过思想政治教育来对受教育者的良好行为进行相关的塑造，从而达到肩负起矫正病态社会心理与不良行为的重任的目的。

（2）对认知心理的相关内容的借鉴

认知，是包括感觉、知觉、注意、记忆、表象、想象思维等人对客观世界的认识过程。大学生思想政治教育对认知心理的相关知识进行借鉴，可以对思想政治教育中人的认知心理有一定的了解，从而可以更加有效地对思想政治教育工作进行合理的开展。

（3）对情绪情感心理的相关知识的借鉴

情绪情感是人类对客观现实的一种反映形式，从一定意义上来说，它对认识有着双面性的作用，可能有催化作用的同时也伴有阻碍作用。大学生思想政治教育就是需要对情绪情感理论进行借鉴，对思想政治教育过程中的情绪情感心理深入研究，使得情绪情感在思想政治教育过程中的作用充分地发挥出来，从而使思想政治教育的时效性得到进一步的提高。

（4）对群体心理的相关知识的借鉴

个体由于会受到来自群体心理的影响，因此，个体在群体中的心理状态也是各有不同。思想政治教育要想在这方面取得良好的效果，就必须对有关于群体心理的相关知识进行借鉴，以对思想政治教育对象群体的心理规律做进一步的研究。

2. 对心理学研究成果的借鉴

大学生思想政治教育对心理学研究成果的借鉴主要包括：意志行为心理学方

法、认知心理学方法、情绪情感心理学方法、群体人际互动理论。心理学研究意志行为、认知心理、情绪情感和群体心理的研究成果分别是意志行为心理学方法、认知心理学方法、情绪情感心理学方法和群体人际互动理论。

(1) 对意志行为心理学方法的借鉴

通常来说，良好的意志都是经过后天锻炼、坚持不懈的努力之后而形成的，并不是天生就拥有的，这就要求思想政治教育需要对意志行为心理学的方法进行有关方面的借鉴，通过意志锤炼法、良好行为训练法、不良行为矫正法和社会实践法对思想政治教育的时效性进行相关的提高。

(2) 对认知心理学方法的借鉴

人脑在对客观事物进行认知时，所体现出的现象和本质的一个反映过程就是认知，受教育者学习思想政治教育理论也属于一种认知的过程，为了使这一过程变得更加科学、高效，大学生思想政治教育急需借鉴动机激励法、注意规律法、问题解决思维训练法等相关的认知心理方法。

(3) 对情绪情感心理学方法的借鉴

人是一种既有情绪又有情感的动物，对于这种情绪情感要予以一定的重视，因为其在思想政治教育的认知功能中发挥的作用不可小觑，它既可能起到一定的积极推动作用，也可能起到一定的消极阻碍作用，所以大学生思想政治教育在进行借鉴的时候，需要融入与情绪情感相关的以境生情法、以情生情法、寓教于乐法和以需以理动情法来推动思想政治教育进程。

(4) 对群体人际互动理论的借鉴

人都是社会的人，应该以群体的形式进行生存，没有离开群体独自生存的人，但是处在集体中的人又与个体的人在言行举止上有所区别，大学生思想政治教育就是需要向群体互动理论进行借鉴，使得良性互动秩序得以建立、对群体互动教学方法进行相关的创新、运用人际关系规律对教育者的关系进行一定程度的优化，从而高效地进行思想政治教育。

3.借鉴心理学研究方法

(1) 对横向研究法的借鉴

在心理学的相关领域中，运用得比较广泛的一种方法就是横向研究法。横向研究法，被认为是对某一个特定点上的几个不同组，通常是不同的年龄组，进行适当的比较，这么做的具体目的是了解不同年龄阶段在发展和成熟方面的差异的研究方法。大学生思想政治教育可以借鉴横向研究法来对不同年龄段的人的世界观、人生观、价值观、思想观、道德观和伦理观以及影响它们形成的因素进行相关方面的研究，从而使得思想政治教育的针对性进一步得到提高。

(2) 对纵向研究法的借鉴

纵向研究法，根据其字眼可以知道它是与横向研究法相对应的一种方法。也就是说，纵向研究就是对某一年龄组的被试者进行持续多年的研究。大学生思想政治教育在进行借鉴的时候，可以适当地借鉴纵向研究来对同组年龄的人在不同的年龄段的人生观、世界观、价值观、思想观、道德观和伦理观以及影响它们发生变化的因素进行研究，从而做到有的放矢。

（3）对心理测验法的借鉴

心理测验法通常包括的主要内容有智力测验、个性测验、态度测验、人际关系测验、特殊能力测验等。从其相关的概念上来说，心理测验法是用一套预先经过标准化处理的量表来对被试者的某种心理素质进行相关的测量的一种方法。大学生思想政治教育对心理学的心理测验法的借鉴主要体现在以下两个方面：一是通过对人们进行相关的心理测验，从整体上对人的思想品德的形成和发展过程进行相关的了解；二是通过心理测验法来对个体进行适当的了解，以使思想政治教育过程更加具有科学性和有效性。

（4）对心理咨询法的借鉴

心理学研究的主要内容就是有关于人的心理现象及其相应的规律，而人的心理现象及其规律不是那么容易去探知的，单根据外部的表象是很难看出来的，所以就需要进一步地用心理咨询法来达到这一目的。心理咨询是心理学专家帮助咨询对象的自我影响、自我调节的一个过程。

大学生思想政治教育对心理咨询法的借鉴主要体现在：思想政治教育与心理咨询都是人作用于人的一个过程，思想政治教育具有强烈的社会性和阶级性，而心理咨询则具有强烈的个体性，它相比于思想政治教育而言，更加强调的是人与人之间的心灵交流，从而产生的影响也会更加深远。大学生思想政治教育应当对于心理咨询的这种心灵交流的方式进行适当的借鉴，通过从内到外、循序渐进的方法使得思想政治教育达到预期的效果。

二、对社会学的借鉴

（一）借鉴社会学理论知识

1. 对社会互动论的借鉴

社会互动也称社会相互作用或社会交往，是指人们对他人采取社会行动和对方做出反应性社会行动的过程，是发生于个人之间、群体之间、个人与群体之间的相互的社会行动的过程。互动论认为，社会存在的基本形式就是进行社会互动，社会互动有着重要的作用，没有了社会互动，人的社会性就无法被表现出来，如果缺失了人的社会性，那么社会也将不复存在，要知道，社会是人与人在不断的交往和互动中形成的。在现实社会中，社会互动的类型有很多，包括有人际互动、群体互动、合作、竞争与冲突等。

大学生思想政治教育是教育主体与客体进行的双边互动，也就是教育主体运用各种方法把能够与社会发展相适应的教育内容进一步传授给教育客体的过程。大学生思想政治教育可借鉴和运用的互动理论包括：对马克思的社会交往理论进行借鉴，大学生思想政治教育的主体和客体通过各种方式在思想上进行相关的交流和沟通，这种交流和沟通不会受到某种限制和束缚，通过这种自由的交流和沟通最终达成思想上的共鸣，从而顺利地实现大学生思想政治教育。①

2.对社会学的社会分层论的借鉴

社会分层是社会学借用了地质学的相关分层概念，按一定的标准将社会成员划分为不同层次的过程。所谓社会分层是指"依据一定具有社会意义的属性，一个社会的成员被区分为高低有序的不同等级、阶层的过程与现象"。

由于人们在一开始，无论是从出生背景、家庭状况来看还是有关于受教育水平，都大不相同，再经历了详细的社会分层之后，人们在社会上所处的地位、人的社会经历和人生阅历不同，文化程度和思想觉悟水平都会有一定程度的不同，这就决定了大学生思想政治教育必须要依据现实情况进行相关的分层施教，始终坚持层次原则，针对不同层次的受教育者采取不同的教育方法，提高大学生思想政治教育的实效性。

3.对社会学的社会控制论的借鉴

社会控制指的是社会组织体系运用社会规范以及与之相适应的手段和方式，对社会成员，主要包括社会个体、社会群体及社会组织的社会行为及价值观念进行指导和约束的过程。社会控制，其实就是通过相关的社会习俗、道德、宗教、法律、政权、纪律、社会舆论及群体意识等方式，来达到维持社会秩序、维持正常生活及促进社会发展的目标。

大学生思想政治教育在进行发挥社会控制的作用时，需要有针对性、有计划性地进行，在对受教育者的行为方面，必须要有意识地进行适当的引导、约束和调整，除此之外，还要和社会系统中的其他子系统进行相互的配合，共同营造一个良好的社会大环境，为人们的良好行为奠定基础。同时，大学生思想政治教育也只有对社会学的社会控制理论中的相关知识进行充分的借鉴和吸取，对社会进行控制时才能够发挥出充分的作用。

---

① 贾灵充，周卫娟，赵艳娟.当代大学生核心素养与思想政治教育研究[M].北京：新华出版社，2018.

（二）借鉴社会学研究内容和研究成果

1.对人际交往和人际关系研究的借鉴

社会学在对社会互动进行研究的过程中，所揭示的人际交往和人际关系的矛盾以及规律为大学生思想政治教育解决了现实中存在的问题，提供了丰富的经验和知识。社会学认为，联结社会网络系统中个人与个人、个人与群体、群体与群体之间的桥梁则是进行人际间的交往、建立良好的人际关系，这样的好处就是可以更加促进和谐的人际关系和保持社会稳定。

大学生思想政治教育所讲的人际交往是对于学生的社会交往空间进行相应的扩展，从而进一步地形成良好的人际关系。社会学研究的人际交往和人际关系涉及的相关内容多、范围广、程度深，并已取得了很多卓越的成果，大学生思想政治教育可以针对这些成果充分地进行借鉴和吸收。

（1）大学生思想政治教育在人际交往及建立人际关系中，要对社会交往的基本原则进行相关的借鉴，其中，社会交往的基本原则主要包括积极原则、平等原则、互利互补的原则、诚实守信的原则以及相容的原则。

（2）在进行人际交往的过程中，要把自己拥有的优势表现出来，例如，通过热情、礼貌、谦虚地和别人进行交流，对他人应该学会尊重，对自己的情绪能够合理地进行控制，不以自我为中心等来提升自己的人际吸引力。

（3）善于运用自己的身体语言，同时也要与对方保持适度的空间距离，适当地运用身体语言，如通过面部表情、身体姿态、手势等的运用可以使大学生思想政治教育主体和客体之间交流起来更加轻松、自然，从而使得双方的人际交往和人际关系有所改善。同样，在交往中双方的空间距离也是较为重要的，人们在进行交往的过程中，通常使用特殊距离来对他们之间的关系进行一个反映，这也提醒了大学生思想政治教育工作者，在进行交往的过程中，一定要注意把与受教育者之间的空间距离掌握好。

2.对青少年问题研究相关成果的借鉴

社会学在对青少年进行深入研究之后，取得了一定的成果，而这些成果又为大学生思想政治教育提供了丰富的资料。社会学特别是在有关青少年的问题上研究成果有很多，以下是几个大学生思想政治教育可以借鉴的主要成果。

（1）青少年在个人社会化中的角色认知问题

青少年的社会化，就是通过一定的主动或被动的学习过程，使自己成为能够适应社会发展同时并对社会发展有用的人的一个过程，然而这一过程不是那么容易度过的，在这个过程中会遇到种种困惑和问题，诸如对社会角色模糊不清，甚至对自己的角色不能很好地进行扮演以及学到的东西与社会的发展不能相互适应等。

而大学生思想政治教育工作者在借助社会学对这些问题进行深度研究之后，就要在青少年社会化的过程中充分地发挥其引导作用，学校、家庭和社会一起努力进行相关的引导和帮助，促进大学生顺利地进行社会化，使其在社会化的道路上避免走入歪路，早日成为能够对社会对国家有用的人。

(2) 西方思潮对中国青少年的影响的研究

我国现在还处在一个转型的关键时期，这个时期相对而言要特殊一些，各种思潮纷纷地涌入社会大环境，对社会氛围形成一定的影响，人们的价值观也是变化不一，呈现出多元化的趋势，这一系列的问题都要求大学生思想政治教育工作者及时作出相应的措施，极力向青少年宣传主流价值观。

3.对劳动就业问题研究成果的借鉴

社会学对于劳动就业问题的研究成果，为大学生思想政治教育解决其受教育者的实际问题提供了一定程度的帮助，增进了大学生思想政治教育的实效性。

社会学提出了临时就业的相关理论，其中对于人们的积极就业表现得十分鼓励。特别是面对很多刚刚从学校走出来的学生或是一些其他缺乏工作经验的人群，大学生思想政治教育工作者就需要有所行动，采取恰当的措施，积极鼓励他们先就业再择业，同时，为他们提供各种形式的招聘信息或是向用人单位推荐他们等帮助。

社会学关于增加就业的方法和途径已提出了很多，这就需要大学生思想政治教育工作者结合当前国家的具体政策和方针，对受教育者及时地传授这些方法，对教育对象的就业利益有一个详细的了解和掌握，并在一定程度上给予他们就业的切实指导。

(三) 借鉴社会学研究方法

社会学的社会调查法是大学生思想政治教育如今借鉴最多、最频繁的研究方法。

1.对实证主义方法论和社会调查法的借鉴

社会学产生的方法论基础是实证主义，现在逐渐被包括大学生思想政治教育在内的其他社会科学所借鉴和运用。实证主义方法论认为社会现象有其规律，因此可以采用自然科学式的、用经验事实来检验假设的方法进行研究。

大学生思想政治教育是一个实践活动，于是也就代表其研究的资料全部直接来源于教育实践之中，那么要想对这个学科的研究有进一步的发现，唯一的方法就是加强实证研究，对社会调查多多进行取证。因为，只有经过科学的实证和调查研究，才能拿到第一手资料，才能对人们的思想和行为有一个准确的掌握，也才能对其实际情况进行充分的掌握，从而更好地为大学生思想政治教育打下坚实的基础。社会调查的方式主要有：

（1）全面调查（普遍调查）

全面调查就是对调查总体所包括的每个部分、每个分子毫无遗漏地进行逐个调查。全面调查法面对的对象太多费时又费力。

（2）抽样调查

抽样调查法是这几个调查法中最经济、最科学的方法，所以也是社会调查之中最常用的方式，也是大学生思想政治教育进行社会调查最常用的方式。

（3）典型调查

典型调查是根据调查目的和要求，在对调查对象进行初步分析的基础上，有意识地选取少数具有代表性的典型单位进行深入细致的调查研究，借以认识同类事物的发展变化规律及本质的一种非全面调查。

（4）个案调查

指对一个团体、一个组织或一个人，以及一个事件进行详尽的调查研究的方法。个案调查是一种深度调查。

其中典型调查法和个案调查法相对而言对象较少，得出的结论从某种程度上来说不是特别科学。

2.对观察法和实验法的借鉴

（1）观察法

观察法是指研究者用自己的感官直接接触其研究对象，收集第一手感性材料的方法。大学生思想政治教育在对人的思想品德形成、发展规律和人们进行教育规律进行相关的研究时，运用到的必不可少的方法就是直接观察的方法。在大学生思想政治教育中，观察法通常被用于典型研究和个案研究中，有一定的局限性，但是一经通过切身的观察，便可获得大量的第一手资料。

（2）实验法

实验法被认为是在一定的条件下，按照设计程序对研究对象的活动加以观察、记录、分析而直接获取资料，以得出研究结论的方法。

大学生思想政治教育运用实验法，就是对教育对象所取得的成绩来检验大学生思想政治教育的内容、制度、方法和措施等是否产生了实际效果，同时，也可以用这样的实验法来对教育对象的某些思想和行为的变化及变化的原因和阻碍变化的制约条件进行一定程度上的探索。实验法是大学生思想政治教育从社会学中借鉴的用来检验自身效果的一个有效方法。

3.对访谈法和问卷法的借鉴

（1）访谈法

访谈法是指调查员同调查对象接触，通过有目的的谈话收集资料的方法。访谈法主要包括直接访谈和间接访谈两种：直接访谈其实就是访谈双方进行面对面的访谈；间接访谈则是要借助某种通信工具来进行，例如，电话访谈。

社会学常常用到的社会调查方法就是访谈法，运用到大学生思想政治教育中就是教育工作者对教育对象的思想现状、价值观念、政治观点等进行面对面的访谈或是电话访谈、网络访谈等形式的访谈。大学生思想政治教育运用访谈法，可以收集到一定的信息，能够进一步地深化对受教育者的了解，为下一步的教育工作顺利展开打下坚实的基础。

（2）问卷法

问卷法就是通过让教育对象填写由教育者提前设计好的问卷或调查表来对资料进行相关收集的一种方法，在现代社会调查中，问卷法是使用最多的一种方法。社会学运用问卷的形式来对调查对象进行相关了解，对于社会中的实际问题予以解决，大学生思想政治教育为了更全面和轻松地得到想要的资料，唯一的途径就是使用问卷。只是关于问卷的使用方法有一定的要求，首先是关于问卷的设计要科学；其次，还要注意问卷的回收率问题。

第三节　大学生思想政治教育的方法指导

"工欲善其事，必先利其器。"要想做大学生思想政治教育，方法是关键。方法对了，事半功倍；方法不对，事倍功半，甚至事与愿违。

一、对我国传统教育方法的继承

在中国古代思想教育中，施教法、内化法、默化法三种方法占据了重要的地位。

（一）施教法

施教法主要是针对教育者来说的，就是教育者对受教育者进行思想政治教育的方法。在中国古代，思想家对思想政治教育是非常重视的，他们不仅将思想政治教育看作是道德修养的方式，还看成是治理国家的方略和维持人际和谐的手段。因此，他们在不断的理论和实践中提出了一些施教的方法，具体包含以下几种。

1.教学相长法

教学相长法指的是教育者与受教育者之间是一种平等的师生关系，达到两者间的取长补短、相互尊重，达到共同进步、相互促进的目的。教学相长法对教育者与受教育者之间的关系有一个全面的认识，但这一认识是以思想政治教育过程中的地位作为基础的。孔子对"教学相长"是非常重视的。他鼓励自己的学生应该"不让于师",即学生自己能够担任重要角色,与教师不相上下。因此,师生间要不断切磋。

在《礼记·学记》中,"教学相长"这一概念被明确地提出来,即"是故学然后知不足,教然后知困。知不足,然后能自反也;知困,然后能自强也。故曰:教学相长也。"也就是说,受教育者只有通过学习才能弥补自己的不足;教育者只有不断地进行教育实践才能解决自己的困惑。孔子的这一言论看到了教与学之间的区别和联系,将二者的辩证关系展示出来。自此之后,教学相长的理论被逐渐发展和固定下来,后世的王通、韩愈、柳宗元等人也倡导这一方法。

2.启示引导法

启示引导法是根据受教育者的爱好、兴趣等,教育者对他们进行有效的启发,引导受教育者自发地培养良好的思想品德。在长期的思想教育实践中,孔子认识到要想教育更加成功,教育者需要调动受教育者的兴趣,以人为本,发挥受教育者的主体作用,使他们逐渐培养自身独立思考、主动思考的能力。

孔子认为,那些不能独立思考、主动思考的学生是很难获得成功的。但是,教育者应如何引导学生主动思考呢?孔子用"愤启悱发"作了回答。其意思是说他不会开导那些资质好但不发愤求知的人,当然如果一个人不是到了那种百思不得其解的地步,他也是不会开导的。可见,这就是现在我们所说的启示引导法。

之后,孟子的"引而不发",墨子的"举他物而以明之也",朱熹的"指引者,师之功也"等都是对启示引导法的倡导。

3.循序渐进法

循序渐进法就是要求教育者从受教育者自身的道德认知和接受能力出发,由少到多、由浅入深地进行思想政治教育。人的思想转化和发展不可能一蹴而就,是一个从量变到质变的过程,因此循序渐进法是与人的思想认知转化与发展规律相符合的。同时,循序渐进法也可以调动受教育者的积极性,从而获取绝佳的教育效果。孔子认为:"欲速则不达,见小利则大事不成。"这里的"欲速则不达"就是告诉人们不能急于求成,否则很难收到理想的效果,甚至很可能会适得其反,而应该循序渐进,一步步地完成,持之以恒。此外,"千里之行,始于足下","君子教人有序","学者须循次而进"等言论都是对循序渐进法的阐释。

4.因材施教法

因材施教法是根据受教育者的才能、性格、特长、志趣等,教育者应对受教育者的这些差异给予尊重和承认,并以这些差异为依据,对受教育者有针对性地输入教育,灵活地采取适合受教育者的教育方法。孔子主张"各因其材",这是南宋理学家朱熹对孔子施教的描述。他明确指出了孔子教书育人的时候往往会根据个人的差异性来选择教法,有的从言语上进行教授,有的从德行上进行教授。因此，孔子的这一思想就被后人视为"因材施教"，孔子也被认为是历史上第一个施行因材施教法的教育家。他的因材施教思想可以归结为以下两点。

第一，因材施教的前提是教育者应该注意到受教育者不同的才能、性格、特长、志趣等。但是教育者应如何注意呢？首先他们要对受教育者的所作所为进行检查，进而对他们所作所为背后的动机进行考察，从而整体上把握他们的个性特点。

第二，针对不同的受教育者，教育者应该实施不同的途径和方法。例如，针对同样的问题，应该给予不同的回答。对于学生提出的同一问题，孔子往往会根据提问者的个性、个体需要来作答。针对不同智力能力的受教育者，应该施行不同的教育方式。孔子认为，智力能力在中等以下的，教育者不应该将高深的学问灌输给他们；对于智力能力在中等以上的，教育者可以引导他们接触高深的学问。

之后，宋朝、明朝等的理学家、思想家对孔子的因材施教方法进行了传承和创新。例如，张载提出的"时可雨而雨"，王夫之提出的"君子之教因人而进之"等，这些都是对因材施教理论的贯彻。

5.平等育人法

平等育人是指所有人在受教育上都是平等的，教育者应该对所有的受教育者都一视同仁。孔子认为"有教无类"，其中的"类"就是要求对待受教育者应没有类的差别，即不论地位尊卑、贫富贵贱、民族差异等，始终以平等的态度对待受教育者。之后，很多后世的思想界认同孔子的这一主张。例如，黄侃的"人乃有贵贱，宜同资教"，程颐等人的"人皆可以至圣人"等都是其最好的体现。

6.身教示范法

身教示范法是教育者要起到示范、以身作则的作用，通过自己的实际行动来体现教育的要求。这一教法是中国古代思想教育的特色。在孔子看来，在思想教育方面，身教要比言教重要得多。他告诉统治者，如果要想正他人，首先应该正自身，只有自身正了，他人才会唯命是从。同时，他还在上行下效理论的基础上，对身教进行了阐释。之后，荀子、孟子等人也明确提出"教者必身正"等理论，这极大地强调了教书育人、身教示范的重要意义。

（二）内化法

内化法也称作"自我教育"，这是针对受教育者来说的。所谓"内化"，是指教育者应该对教育对象的内在本性有基本的了解，重视教育对象的内在需要，目的是激发教育对象的内在思悟与内在潜能，从而实现受教育者内在的自律。以孔子为首的一些中国古代思想家对"内化"法进行了强调和阐释。他们认为思想政治教育只有重视受教育者的"内化"，才能使教育达到预期的效果。

1.知荣明耻

"知荣明耻"从古至今在人们的生活中一直是一个重要的道德问题。它属于一种情感意识,是人们在一定的善恶是非观的基础上产生的一种自觉求荣之心,是人们在对自身尊严珍惜和维护的意识上产生的。可以说,"知荣明耻"是一种基本的人格和德性。人们只有做到这一点,他们才能使自己的道德意识得以觉醒,才能不断严格地要求自我、提升自我、完善自我。

2.改过迁善

"改过迁善"就是逐渐改正自己的过失、过错,从而不断完善自己的品格。众所周知,不是所有人都是圣贤,谁都有犯错的时候,而对于这些错误,人们需要不断地认识和改正,只有这样才能提升自我、完善自我。而且,只有在不断地与过错做斗争的过程中,人们才能不断完善自我,如孔子所说的"过则勿惮改",孟子的"过则改之"等。

3.克己慎独

"克己"与"慎独"可以分开来理解。"克己"就是要求自己能够严格要求自己,对自己的言行能够加以约束和控制,使自己的言行与规范要求相符。"慎独"就是要求即使没有他人的监督,受教育者也能够按照社会规范自觉地行动与思考。

一般来讲,人们能否自我修身,以及自我修身能达到怎样的程度,就是依据他们能否做到和坚持"慎独"。与"克己"相比,"慎独"的层次更高,而且对自觉性的要求更强。孔子对"克己"是非常重视的,并且提出"非礼勿视,非礼勿听,非礼勿言,非礼勿动"的方法来"克己"。也就是说,要想实现"克己",就必须要做到"礼",对自己的言行应该予以严格要求。在中国古代动荡的社会中,"克己"是十分必要的,有助于促进整个社会甚至是个体的和谐。

4.忠恕一贯

"忠恕一贯"是指人们要从自己的内心体验出发来对别人的思想感受进行推测,从而实现推己及人的目的,也就是要求受教育者应该严于律己,设身处地地为他人着想。孔子提出"吾道一以贯之",其中的"一贯之道"就是所谓的"忠恕"。这种推己及人、将心比心的做法体现了对受教育者人生价值的肯定以及对受教育者人生意义的关怀,是一种强烈的人文主义精神。

5.自我反省

自我反省就是要求受教育者能够自我批评、自我认识、自我教育。使思想道德的提升成为受教育者的一种自我要求。对于这一点,孔子主张"君子求诸己",曾参主张"三省吾身"等。

6.益志养气

"益志养气"就是说的道德意志,一般道德意志可以划分为志向与意志两个层面。前者指的是人们修养道德时的精神导向，是价值观、人生观的核心内容；后者是人们修养道德的精神支柱，是人们提升精神境界、攀登道德高峰的动力。在道德意志上，中华民族从古至今一直非常重视，如孔子的"匹夫不可夺志也"，孟子的"舍生取义"，曹操的"老骥伏枥，志在千里"，诸葛亮的"志当存高远"等都是其最好的体现。

（三）默化法

默化法是一种隐形教育方法，其主要是通过外界环境等不断潜移默化地渗透到人们的生产、生活、精神之中。一般来说，"默化"法主要包含两点：风俗感化与礼制规化。

1.风俗感化

风俗是指人们在一定社会群体或者地域形态中形成的一种习惯，是由一系列的习惯、准则、规矩等构成的影响人们日常生活行为的规范。在风俗当中包含着群体长期形成的感情与经验。风俗感化是将统治者所倡导的规章制度、统治思想等转化成的民俗，从而保证大众能够符合其统治思想的要求。在具体的运用上，这一思想主要包含以下两个层面。

一是从人民大众的生活、生产、精神活动的需求出发，制定符合儒家思想的道德规范，在不断的实践中形成一种礼俗，如生产礼俗、节庆礼俗、消费礼俗、嫁娶礼俗等。由此，中国传统的社会主导思想道德就向民俗文化的方向转化。

二是设置地方官专职教化，树立道德典范。如秦汉时期，地方上就专门设置"三老"来主管教化事务，人们有着发现本地区的孝子贤孙、贞女义妇、让财救患、为民法式的责任。通过对这些人或者这些家族进行表彰来昭告天下，使之纷纷效仿，从而引导道德风尚。

2.礼制规化

"礼制"的手段和风俗感化相比较更为直接，是对人们具体行为进行规范，一定程度上改变了人们的旧有思想，使人们不断创新自己的思想。礼制规化就是人们按照礼仪制度的规定来活动和所作所为。这一方法实际目的是使人们的思想道德达到统治者预期的效果。在我国古代时期，很多思想家都强调用礼制的观念来规化人们的行为，并且这一思想也得到了大众的认同。

因此，封建社会的统治者设置了各种礼制来规范人们的行为，不同的行为都需要在规定的步骤和程序下进行，而这些制度一经树立就具有了规范性。因此，礼制规化具有强烈的权威性。

二、对西方教育方法的借鉴

西方的教育方法是西方国家经济制度、政治制度、文化制度发展的产物，但也可以为我们所用，为大学生思想政治教育服务。在当代社会，对西方国家思想教育方法的熟知和研究，可以从中借鉴其中的合理成分，来提升大学生思想政治教育的效果。

（一）渗透教育法

西方国家除了进行理论教育外，他们会将思想教育融于日常的生活与学习中，即将思想与道德进行熏陶与渗透，通常这是一种隐性的手段。在美国，思想教育工作往往是无意识的，即受教育者往往会不知不觉地受到思维方式和价值观念的熏陶。

在美国的纪念馆、博物馆中罗列着多种雕像、人物介绍，这些都是对国民进行无意识的精神渗透。同样地，澳大利亚、意大利也是如此，从而潜移默化地改善国民的民族意识与提升国民的爱国精神。此外，在专业教学中，美国的大学也很注重德育教育的渗透。一般而言，他们会从其他学科的课程入手来渗透思想政治教育。

（二）学科协调法

西方的很多学校都非常注重自然学科、人文学科等其中蕴含的思想政治教育的教学，因为这些学科与思想教育之间有着密切的关系，在这些相关学科中进行思想教学有助于在潜移默化中提升受教育者的思想道德水平。

正如渗透教育法中所提到的那样，西方的思想道德教育不仅仅体现在公民教育课程上，还体现在其对政治学、心理学、经济学等学科的渗透上。这样就有助于公民教育在这些多学科的领域内展开，将知识的学习与道德的学习相融合。例如，博雅教育、自由教育中蕴含着丰富的道德因素，这对于受教育者道德的发展有着积极的意义。自然科学、人文科学、技术科学、社会科学中也同样蕴含着丰富的道德教育内涵，这些都对受教育者起着潜移默化的作用。

（三）道德认知法

道德认知法是在杜威、皮亚杰理论研究的基础上，由美国道德教育家柯尔伯格提出的一种思想政治教育方法。在教学过程中，教育者会主动引导学生对道德两难问题进行探讨，从而促使受教育者产生一定的认知冲突，促使他们积极地进行道德思考，形成属于他们自己的一种价值判断。

简单地说，受教育者通过思考这些两难问题，能够不断找出这些问题产生的原因并探索解决的办法，发挥自身的主观能动作用，最终做出选择。在柯尔伯格看来，这一方法也体现了苏格拉底的诱导法、诘问法。因此，道德认知法也可以被称为"新苏格拉底法"。此外，柯尔伯格的道德认知发展方法还包括价值澄清法与公正团体法。其中前者的运作还需要涉及四个关键的因素：一是要以生活作为中心；二是要接受现实；三是要对其进一步思考，进而做出选择；四是要不断培养自我知道的能力。同时，他还将人的道德认知发展分成了三个水平、六个阶段。因此，教育者在运用该方法时应对受教育者达到的道德认知阶段有一个基本的预估，从而提出比受教育者更高阶段的价值标准。

（四）环境熏陶法

环境熏陶法也属于一种潜移默化的方法。环境也是一种教育的资源，与受教育者的思想政治教育有着密切的关系。很多时候，环境因素往往会约束一个人的行为。良好的校园环境有助于学生灵魂和精神的提升，对于学生情操的陶冶、行为的规范、道德品质的培养也有着极其重要的影响。在与环境的交互过程中，学生必然能够受到启迪和引导。

因此，西方国家的大多数学校都非常重视在学校历史、学校风气、校园建设、学习风气等方面展现学校的教育观念和核心精神，从而有利于对学生产生影响。

（五）心理咨询法

心理咨询机构在西方是很普遍的。心理咨询最早出现在1930年的美国大学校园中。现代西方的很多大学都有心理咨询机构，心理咨询已经逐渐成为教育的一个重要组成部分。心理咨询机构主要是为了排解受教育者心中的障碍，促进受教育者的心理健康发展。因此，心理咨询法在思想政治教育中有着举足轻重的地位。心理咨询法就是通过咨询服务、心理教育、团体心理训练等来加强教育者的责任心，提升他们的情感适应，树立他们的自信心，从而使他们能够正视自己，提高自身的自律能力与自我意识水平。

（六）体验教育法

体验教育法就是通过实践来明理、认知事物。体验教育有着深刻的理论根源：卢梭是法国著名的教育家、思想家，他指出对于个体生命来说，教育不是无所不能的，它有其自身的局限性。也就是说，教育需要在生命力量的显现下才能更好地为人们服务。他提出了"自然主义"教育主张，即将教育人性化的特征充分展现出来。而"自然主义"的基本点就是运用实践行动来求取真知，通过体现来进行学习。对于教育者来说，如果他们能够对实践活动进行选择和利用，满足受教育者的欲望，那么受教育者就会在活动中不断学习，这样的教育就是有意义的教育。

杜威提出"从做中学"，也就是指从活动中学习，从经验中学习，明确学校教育应该与活动相结合，受教育者从具体的活动中体会知识的意义。皮亚杰在他的认知发展阶段论中，将人从婴儿到青春阶段的认知发展分为四个阶段：感知运动、前运算、具体运算以及形式运算。其中前三个阶段需要在具体形象实物或者实践中形成。

上述三位学者的观点都体现了体验的重要作用。这里的体验主要表现如下：一是行为体验，这是自身经历的动态过程，是一种实践行为，是学生发展的重要方法；二是内心体验，是一个心理过程，是行为体验基础上的升华与内化的过程。

综合来说，行为体验与内心体验并不是独立的，而是相互依赖的。体验教育法正是既注重了学生的实践，也注重了学生的内心，因此才能推动学生的不断发展。

三、大学生思想教育方法的创新

大学生思想政治教育方法是诸多方法按照一定的逻辑顺序组合而成的，并表现为具体的理论和实践形态。因此，大学生思想政治教育方法的发展是现代最重要的一个理论维度的发展。大学生思想政治教育方法要想向现代方向发展，主要可以从以下两点着手。

（一）对原有方法体系及内容进行更新与完善

当前，大学生思想政治教育方法已经形成了以认识论为逻辑基础建构的思想政治教育方法体系。现有的这一体系较好地指导了大学生思想政治教育方法的理论研究和实践发展。但是随着社会的进步，其原有的方法体系也应该进一步地更新与完善，以适应社会发展的步伐。从总体上说，就是要求我们对原有方法进行调整与归类，进而进行删减、更新，增添一些适应时代要求的方法，使现代的大学生思想政治教育方法的结构更合理。具体来说，主要是要做到以下三点：

第一，对原有的方法体系进行更新。这主要是更新原有方法中的功能、理论依据、操作程序及运用条件，使原有大学生思想政治教育方法的内容更与时俱进。现如今，要想改善大学生思想政治教育，我们可以不断挖掘马克思主义关于认识、实践的内容，从心理学、行为科学的角度来探寻人们思想和实践的规律，从而构建先进的思想政治教育方法。另外，还可以对实践教育方法的运用条件、功能等进行深层次的研究。

第二，对原有方法内容进行调整和删减。针对时代的发展，我们应该调整和删减原有思想政治教育方法的种类和内容，主要是删减那些过时的或者即将过时的种类与内容。

第三，增添新的教育方法。为了使原有思想政治教育方法更丰富、完善，一些子系统方法中可以增添一些新的教育方法。当前社会的发展有了新的技术和案例可循,适宜于创造一些新的教育方法,例如利用新媒体作为宣传平台的方法,通过网络进行思想政治教育的方法,借助现实社会的产业发展思路进行大学生思想政治教育的方法,利用大数据了解大学生思想发展的方法等。[1]

(二) 构建新方法体系的思路及要求

与其他教育相比,大学生思想政治教育的方法体系的发展难度比较高。因此,重构新的大学生思想政治教育方法体系需要注意以下两点:

第一,思维方式要向系统化发展。在各大高校,大学生思想政治教育呈现出多元化、多层面、多样性、多变性的特征,这需要运用系统的、科学的理论对思想政治教育中的问题进行认识和处理,从而形成系统化的思维方式。从系统论的观点来看,大学生思想政治教育本身就是一个系统,其中包含目标、任务、载体、内容、方法等要素,这些要素是相互作用、相互依存的,并且这些要素会与环境进行物质、能量的交流。

从大学生思想政治教育方法系统来看,大学生思想政治教育方法包含多个层次,其中关于目的方向的方法层次是最高的层次,除此之外还包含大学生思想政治教育目的方向所运用的策略手段方法层次、运用的工具方法层次、遵循的操作程序方法层次。大学生思想政治教育能否成功的关键就在于对这些层次能够准确选择和利用。可见,大学生思想政治教育思维方式的基本特征就是对多层次的整合,实现单一与多样的统一、简单与复杂的统一。

第二,结构体系要向动态化发展。当前的大学生思想政治教育方法的理论依据仍然是马克思主义认识论,即按照"认知—实施—调节—反馈"等环节来进行构建,具有操作的流畅性与先后的时间顺序。但是该方法也存在着一些不利因素,如形态上以静态性为主,缺乏动态性的指导。

因此,大学生思想政治教育方法应该从静态转向动态,其中需要包含能够满足教育活动中各项任务与内容的方法,还需要包括能够应对各种复杂情况的方法。结构体系的构建可从以下几点着手:一是根据我国大学生思想政治教育的目标和内容来构建;二是根据信息传播、信息收集、信息反馈的路径来构建;三是根据方法系统论来构建或者根据思想政治教育方法的内在结构顺序来构建。

---

[1] 贾灵充,周卫娟,赵艳娟. 当代大学生核心素养与思想政治教育研究 [M]. 北京:新华出版社,2018.

第三章　大学生思想政治教育的相关研究

思想政治教育是大学自身建设和育人核心任务的重中之重，其科学化发展是实现大学教育现代化的关键所在。在中央有关文件指导下，高校在加强和改进大学生思想政治教育工作中不断探索实践，开创出了一番新局面，也积累了一些很好的做法，成绩斐然。

第一节　大学生思想政治教育的科学化实践研究

随着国际国内形势的深刻变化，意识形态领域的斗争更加复杂，伴随着我国高等教育的大众化进程，大学生成长成才面临的新环境、新情况、新问题对大学生思想政治教育工作提出了新的挑战。"高校是一个思想活跃的地方，是学术文化交流的重镇。对此，高校党组织必须保持高度的政治敏感性，坚持正确的办学方向和方针，不断提高领导驾驭高校意识形态建设的能力和水平。"

结合院校思想政治教育工作的实践，我们认为要坚持"育人为本"，提高大学生思想政治教育工作精细化、科学化水平，就要推进工作组织系统化、教育内容科学化、教育手段现代化、教育对象主体化、教育过程创新化、教育参与全员化、思想政治教育考核综合化、思想政治教育成果有形化，坚持上述措施之"八化"并举，多方联动，最终落实在促进大学生的健康成长成才上。

一、工作组织系统化

大学生思想政治教育工作作为一项系统工程，要取得实效，必须依靠良好的工作组织体系和完善的工作机制来实现。为了克服长期以来教师和管理人员与育人工作相脱节的"两张皮"现象，在系统论观点指导下，有必要将思想政治教育工作有机整合，明确将全员育人工作的推进与深化列为学校重点工作，结合思想政治教育工作中的薄弱环节、重点加强全员育人工作运行机制建设，形成合力，取得事半功倍的效果。

（1）在领导机制上，进一步调整布局、统筹协调，强化院系和部门领导在育人中的组织协调功能；

（2）在责任机制上，进一步理顺各个部门、各层级、各岗位在学生教育管理工作中的职责、权限关系，做到责、权、利分明；

（3）在保障机制上，进一步加大学校及院系学生工作经费、编制、人员的投入，建立有效的监督、评价和激励约束等机制；

（4）在联动预警机制上，针对涉及学生的利益、安全等问题，进一步完善部门之间的预警、处置、沟通、合作等运作模式，形成各部门、各层次相互协调的体制机制，确保学生教育管理工作的良性运转。

二、教育内容科学化

思想政治教育内容科学化强调依据"以人为本"和"科学发展"的理念，顺应新形势发展要求，针对不同教育对象特点，开展目标环环相扣，内容层层递进，方法包罗万象的思想教育，逐步建立起与学生教育的运行规律和学生的成长规律相适应的思想政治教育的新体系，以此解决大学生思想政治教育内容不系统、不深入，浅尝辄止的问题，体现了学生思想教育的整体性、相关性、层次性、环境适应性等特点。

（一）要建立新的教育体系

必须注重发挥思想政治教育理论课的主渠道作用并实现与课外教育的有机统一。必须明确思想政治教育课教学的根本目的是确立大学生的世界观、人生观、价值观的正确取向，明确思想政治教育课教学的根本目标是加强大学生社会主义荣辱观教育，积极探索用社会主义核心价值体系引领社会思潮的有效途径。

具体工作中要坚持理论教学与实践相结合，必修课与选修课相结合，具体工作中要坚持理论教学与实践相结合，必修课与选修课相结合，课堂教学与日常教育管理工作相结合，思想政治理论课主渠道教育与课外主题活动以及党团、社团活动的潜移默化教育相结合的原则，要将人文精神和人文素质教育、职业精神和职业素质教育、心理咨询与心理健康教育、创新创业教育、行为养成教育等以选修课、讲座、主题活动等形式统一纳入思想政治教育课程体系，对教育内容进行整合、重构，实现课堂教学和课外教育在内容上的有机统一。

（二）要增强教育内容的针对性

为了进一步细化学生日常思想政治教育内容，扩大教育的覆盖面，必须坚持树立"以生为本、德育为先、全程服务、全面发展"的工作理念，在继续加强主渠道的理想信念教育、爱国主义教育、民族团结教育、公民道德教育、形势政策教育、党团知识教育等课堂教育之外，积极探索大学生思想政治教育"系统化规划、主题化设置、精细化运作"的工作思路，结合不同教育阶段的大学生的特点，划分教育对象层级，有针对性地开展思想政治教育工作，分年级分阶段确定思想政治教育内容，将思想政治教育总目标分解细化到每一年级，开展有针对性的系列主题教育。

（三）教育手段现代化

思想政治教育的载体不可能一成不变，必须与时俱进，在继承传统的基础上，不断优化创新。必须"着力创新方式方法，不断提高大学生思想政治教育工作水平"，必须适应与学会科学使用现代信息技术，提高核心价值观念的有效传播和应用途径。

一方面要注重传统载体的现代化，对其不断地更新。另一方面要积极寻求新载体，不断拓宽教育渠道，扩大教育覆盖面，避免出现教育载体或教育阵地真空地带。

思想政治教育工作的信息传播也需要依附一定的载体，对载体的占有、选择和运用，直接影响着信息传播的效果。网络上的信息垃圾、黄毒、网上犯罪等，在学生的健康成长过程中有着不容忽视的负面影响。这要求学生思想政治教育工作必须要有效利用网络手段，充分发挥网络的信息优势和教育功能，把工作定位在"引导"和"帮助"上，加强对学生的思想教育，提高教育效果，实现教育目的。

四、教育对象主体化

学生是教育的主体，思想政治工作应该也必须强调受教育者的参与和体验。只有充分发挥学生参与教育的主观能动性，学生自我探索、自我实践的意识得以增强，才有可能实现教育目标与学生需要的无缝对接，实现思想政治教育工作的科学化。

当前，高校应在继续发挥各级学生组织自我教育、自我管理、自我服务作用的基础上，着力构建教育者与被教育者间"互动化、民主化"的新型关系，要畅通和拓宽学生利益诉求渠道，创造学生民主参与学校管理的条件，使学生在参与和体验中实现自我教育、促进自我发展。①

五、教育过程创新化

大学生的个性差异和需求的多样化，决定了思想政治教育的灵活性、多样性，客观实际要求教育者具有工作创新性，才能提高教育的实效性。教育工作者在开展思想教育过程中，要针对不同学生或群体的不同特点和不同需要采取不同的方法，体现教育过程与教育效果的实效性与创新性，要善于"随机应变"，创造性地制定不同的个性化教育措施和辅导方案。同时，还要针对辅导对象在不同阶段的不同情况，不断调整辅导方案，做到"精雕细琢、好上求精、精上求巧"，以达到最佳的教育效果。

六、教育参与全员化

高校学生思想政治教育工作涉及方方面面，必须动员全校的力量，共同参与。中央明确指出："高等学校各门课程都具有育人功能，所有教师都负有育人的职责"，"广大职工都负有对大学生进行思想政治教育的重要责任"。素质教育的核心在于教育者，这需要全体教职员工切实把育人看成是自己的天职，把教书育人、管理育人和服务育人的理念贯穿到本职工作中去，真正形成"人人皆是教育之人，处处皆是教育之地"的工作格局。

七、思想政治教育考核综合化

思想政治教育作为系统工程，要求做到思想政治教育考核体系的完备性与考核手段、方法与范围的综合化，提高工作效率与权威性，避免资源上的浪费。可以考虑将原来部分课外教育内容纳入课堂教学范围，充实教学内容；同时发挥思想政治教育课教学实践环节的作用，思想政治理论课的实践教学环节可与党团活动、社团活动有机结合，进行整体设计，加强和改进实践教学环节。将学生思想政治教育理论学习成绩、思想素质、综合能力、学习、生活、工作的日常表现以综合测评的形式，统一纳入思想政治教育工作整体考评体系中。②

八、思想政治教育成果有形化

思想政治教育过程中的教育细微性、经常性、时机性、日常性决定了教育过程的艰辛与繁杂，教育的长期性及被教育对象思想的变化性与反复性决定了教育

---

① 郭志栋. 新时代背景下大学生思想政治教育研究［M］. 天津：天津人民出版社，2019.
② 郭志栋. 新时代背景下大学生思想政治教育研究［M］. 天津：天津人民出版社，2019.

成果的不确定性。要实现教育个体的不确定性与教育群体的稳定性有机结合,教育整体的流动性与每届学生部分群体的相对稳定性结合,促进富有成效的思想政治教育工作的开展。

将无形教育的成果有形化,是展示大学文化、校风,显现思想政治教育成果的有效手段。围绕大学文化展示思想政治教育有形化成果,是大学精神与校园建设的必然要求,是提升思想政治教育效力的标志。

第二节 大学生思想政治教育科学模式的现状与发展

思想政治教育是中国共产党在长期的革命和建设实践过程中积累起来的处理人民内部思想政治问题的方法和艺术,在社会主义革命和建设过程中发挥着"生命线"的重要作用。改革开放以后,伴随着思想政治教育科学化和学科化的进程,思想政治教育逐渐从实务工作演变成一门专业和学科,向科学化迈进了坚实的一步,思想政治教育研究也取得了长足发展。

一、思想政治教育科学模式的现状

改革开放以来,伴随着思想政治教育科学化和学科化的进程,思想政治教育研究得到了空前发展从思想政治教育学术论文发表情况来看,呈现出急剧增长的态势。

从思想政治教育类著作出版情况来看,呈现出专题化和精细化的发展态势,表现出思想政治教育研究的整体繁荣。为了进一步探寻思想政治教育研究现状,笔者对思想政治教育科学模式状况从以下三个方面进行了分析。

思想政治教育的第一批学者既是思想政治教育学科的倡导者,也是积极研究者,他们关于思想政治教育学科的研究方法和学科建构的方法,目前仍然主导着思想政治教育学科建设的基本取向。

为此,我们从全国10所早期创办思想政治教育专业的高校选取了10名参与创办思想政治教育专业、目前仍然活跃在思想政治教育领域的专家进行了个案研究,发现以下一些特点。

(1)经验和人生感悟是他们关于思想政治教育知识的重要来源

被研究的学者在从事思想政治教育学科研究之前,大多都有过宣传工作、学生工作或日常思想政治教育经验,其中大部分既从事思想政治教育学科建设,同时也从事思想政治教育实务工作。相对于新生代从事思想政治教育的学者而言,他们的经历比较复杂、人生阅历丰富。

"经验"在他们的学术研究中曾经起着重要作用,这从他们早期所撰写的论文中可以看出，从某种程度上说经验是其知识生产的一个重要来源，经验影响到他们知识的建构；同时，他们成长的独特的政治环境以及所接受的教育也造就他们对"意识形态"的敏感性，在其早期的学术中对政治现象有较多的关注，对国内外政治形势的变化有较快的反映，比较关注和强调思想政治学科的意识形态性。

（2）跨学科研究视角是他们思想政治教育研究的主要特色

被研究的学者大多数第一学历的专业主要来自思想政治教育学科之外的其他相关的人文社会学科，如政治、党史、哲学、历史；有部分还具有理工科背景。这种知识背景的多样性必然影响到他们的学术研究。表现在以下几个方面：学术研究视域的广泛性。他们的主要研究领域既有对思想政治教育自身的研究，也有对与思想政治教育相关领域的研究，如伦理学、人才学、领导学、女性主义等；既有对微观思想政治教育的研究，如对思想政治教育要素的研究，也有对宏观思想政治教育的关注，如学科发展的研究。视域的广泛性一方面给予研究以活力，但同时由于思想政治教育的外延过宽，也造成对思想政治教育研究领域的模糊。

学术研究的跨学科性。被研究的学者从事学术研究之时，思想政治教育学科尚未诞生。由于时代发展的需要，他们承担起创建思想政治教育学科的历史使命，由于思想政治教育的研究还处于起步阶段，其内涵、基本理论、方法等还没有既成的观点，他们从其各自的学科出发去理解、解释思想政治教育的各种现象，从不同的角度去建构思想政治学科的知识结构，因而思想政治教育的许多概念、术语从其他学科借鉴而来，学术研究的跨学科性的特点比较鲜明。

（3）传统研究范式是他们进行研究的主要方式

被研究的学者主要采用哲学思辨法、经典文献法、经验总结、历史研究、比较研究、跨学科研究等研究方式进行研究。只有个别学者在思想政治教育研究中使用过实证研究，通过问卷和访谈等方式来获取思想政治教育信息，几乎没有学者对思想政治教育现象进行规范的实验研究，也很少见到学者们采取多种不同方法进行交叉研究。从总体上看，被研究的学者研究方法总体处于传统人文社会科学模式。

二、思想政治教育研究的基本特点

上述研究虽然不能反映思想政治教育学科研究的全貌，但从上述几个方面的研究情况，我们可以归纳思想政治教育研究的一些特点。

（一）经验研究在思想政治教育研究中占据着重要地位

思想政治教育学科是在总结思想政治教育实践经验的基础上，在马克思主义基本原理指导充分吸收借鉴现代人文社会科学理论成果而形成和发展起来的新型应用性学科。因此，经验在思想政治教育科学化的过程中发挥着重要的作用，通过对实践经验的提炼，不仅使党的思想政治教育实践智慧进一步提升，转化为指导人们日常思想政治教育实践的理论，而且突显了思想政治教育应用学科的研究特色。

这个特色无论是在思想政治教育第一代学者的研究中，还是在思想政治教育研究者的文章中都可以得到体现和证明，在《思想教育研究》发表的论文中，经验总结占据着主要的地位，这一方面反映了该刊物的实践取向，但从另外一个方面来说，重视经验研究恰恰反映了思想政治教育研究的应用性特色。在中国学术期刊网的研究文章中，虽然经验研究的论文并不占据重要的地位，但思辨研究文章中包含诸多经验的成分。

从思想政治教育学科研究的总体状况来说，我们可以得出这样的结论，一方面经验在思想政治教育研究中非常重要，是思想政治教育学科的应用性的基本体现。但另一个方面表明思想政治教育学科整体研究还处于经验状态，还没有把经验研究作为一种科学模式的基础进行探讨，还没有把经验研究纳入科学模式的视野，通过科学的程序和方法对经验进行研究，需要对思想政治教育经验进行科学模式。[1]

（二）思辨研究依然是思想政治教育研究的主流

思辨研究是通过逻辑推理来获取知识的研究方式，是哲学和其他思维科学获取知识的基本方式。古代思辨哲学家认为，经验是不可靠的，它反映事物的表象，而真理是超越感觉经验的，只有通过逻辑推理，才能获得比感性知识更可靠的知识。由于思辨所提供的知识是靠逻辑推理来证明的，只要"公理"是真实的，那么由它推论出的知识也是真实的。

但思辨法的缺陷恰恰在于，它无法证明"公理"是超验的，无法被经验证实。正是为了克服上述缺陷，现代科学模式方法在实证的基础上发展起来，成为现代科学模式的主导性研究方法。但从思想政治教育研究现状来看，思想政治教育的第一代研究者由于其知识背景的局限性和思想政治教育研究基础的缺乏，在进行思想政治教育学科知识的构建过程中，除了以思想政治教育经验和个人人生感悟作为理论构建的基础以外，更多采取思辨的方法进行思想政治教育学科知识体系的构建，在他们的努力下，经过系统的理论构建，他们基本上建立起了思想政治教育的基本概念和范畴，形成了较为完善的思想政治教育学科知识体系。

---

[1] 郭志栋. 新时代背景下大学生思想政治教育研究［M］. 天津：天津人民出版社，2019.

（三）实证研究开始逐渐进入思想政治教育研究领域

如前所述，实证研究是科学模式的基础，科学模式特别是近代自然科学模式就是在实证研究的基础上发展起来的。在当前虽然实证研究在社会科学模式领域运用欧共体中遇到越来越多的挑战，但实证主义研究范式依然是社会科学模式的一个主导性的研究范式。

实证研究已经开始进入到思想政治教育研究领域，随着时间的推移，越来越多的思想政治教育论文采用实证研究的方式来进行研究，说明实证研究已经进入思想政治教育研究领域，成为思想政治教育的一种研究方式。

（四）多角度、多学科研究应成为思想政治教育研究的趋势

思想政治教育是一种十分复杂的社会实践活动，对于如此复杂的社会现象，需要从各个不同角度进行研究，正如美国学者约翰·埃利亚斯（John L. Elias）所说："道德教育是一个需要多学科共同研究的领域，仅仅通过一门学科来探讨这一领域既是有限的，也是危险的。"同样，对于如此复杂和特殊的思想政治教有现象，用单一的方法，从一个视点进行，也是十分片面的。

只有从多角度出发，充分发挥各学科研究的优势，才能形成思想政治教有特定学科的研究方法。但从思想政治教育研究现状来看，尽管在被研究的第一批思想政治教育研究学者在研究过程中较多使用了学科交叉的方法，从跨学科的视角对思想政治教育进行多方位透视，但在中国学术期刊网的论文中，运用多样化的方法、从多视角对思想政治教育现象进行研究的论文还十分少见，单一研究方法在思想政治教育中依然占据着主导的位置，把各种研究方法结合起来的复合性研究相对较少，多角度、多学科研究方法既是思想政治教育研究现状的迫切要求，同时也应成为思想政治教育研究发展的基本趋向。

三、思想政治教育研究方法的发展

从上述对思想政治教育研究现状及特点的分析可知，思想政治教育研究从总体上依然处于传统人文社会科学模式，经脱总结和思辨研究依然是思想政治教育的主要研究方式。传统研究范式在研究人文社会科学现象的过程中尽管存在着诸多的优势，但从总体上是一种前科学模式状态的研究方式。

为了促进思想政治教有科学化和学科化的进程，应在思想政治教育领域逐步引入实证研究的研究方法，引入其他范式的研究方法，在多样整台中形成思想政治教有研究方法论体系。为此，我们提出在思想政治教育领域应把几种研究结合起来，形成整合的思想政治教育研究方法。

(一) 思辨研究与实证研究并重

思辨研究与实证研究是从研究方法论角度而言的。思辨研究是当前思想政治教育研究的主要特点和优势,通过对思想政治教育的基本概念、范畴、特点、规律等进行分析和探讨,揭示思想政治教育内在的规律性问题,形成思想政治教育的基本理论框架和思想政治教育的思维方式等都需要加强思辨研究的作用,但是,如果思想政治教育研究仅仅停留在思辨的层面,则容易使得思想政治教育学科局限于哲学和观念层面,而与思想政治教育学科的针对性与应用性相背离,因此,加强实证研究不仅提升了思想政治教育科学水平,而且也反映了思想政治教育学科建设的需要。

实证研究是通过对思想政治教育过程中的有关材料和证据进行系统理,通过对思想政治教育过程中的各种变量及内在关系进行调查、观察、访谈和实验等来获取对思想政治教有现象的认识的方法,实证研究是科学模式的基础。尽管在科学模式中还存在着各种各样的研究范式,比如诠释与建构主义的研究范式、批判主义与行动研究范式等,但在研究方法论发展中,实证研究依然是占主导地位的科学模式。

从思想政治教育研究现状来看,尽管实证研究已经逐渐受到思想政治教育研究者的重视,但从思想政治教育研究现状总体来看,以实证研究作为方法论基础的研究依然十分薄弱,需要加强思想政治教育方面的实证研究,把思辨研究与实证研究结合起来。

(二) 传统研究、量化研究与质性研究相整合

传统研究、量化研究和质性研究是从具体研究方法的角度来进行划分。传统研究方法主要是指通过经验、思辨、历史、比较等方法对思想政治教育现象进行分析,这种研究对确定思想政治教育的学科本质、特性、规律探讨是十分有益的,因此依然可以作为思想政治教育的研究方法。但传统研究的局限性就是所有研究成果没有办法通过其他方式进行验证,也缺乏一些基本的研究程序和规范,因而显得科学性不够。

量化研究是伴随着近代科学技术的产生和发展所形成的一种思维方式和研究方式,它主要侧重从事物和社会现象的数量特征、数量关系与数量变化来进行分析,其功能在于揭示和描述事物和社会现象的相互作用和发展趋势。量化研究通过所谓逻辑实证主义来创建知识,侧重运用演绎(线性)逻辑来得出结论。在量化研究中,知识的获取过程强调的是,获得结论要具有客观性以及不受研究者价值观的影响。严谨规范的指标测量、精心控制的条件以及复杂多样的统计分析通常是量化研究设计的内容。

而质性研究是在针对把科学方法运用在社会科学领域存在的种种问题和局限的背景下，一批人文学者、社会科学模式者所发展出来的针对社会现象进行研究的方法，质性研究方法内涵十分丰富和多元，有学者把质性研究方法比喻成一把大"伞"或一颗大树，在下面汇聚着多元的方法。而我国学者陈向明曾尝试作过一个定义，质性研究是以研究者本人作为研究工具、在自然情境下采用多种资料收集方法对社会现象进行整体性探究、使用归纳法分析资料和形成理论、通过与研究对象互动对其行为和意义建构获得解释性理解的一种活动。

从思想政治教育学科研究的总体状况来看，传统研究依然占据着研究的主导，量化研究严重不足，而质性研究更为缺乏，表明思想政治教育研究中对量化研究和质性研究的迫切要求。因此，在思想政治教育研究中应把三者进行有效整合，使研究方法更为多样、平衡。

（三）对象研究、实务研究和自身研究相统一

对象研究、实务研究和自身研究是以研究现象和领域来进行的划分。对象研究是针对思想政治教育对象或受教育者开展的研究。教育对象既是思想政治教育过程积极活动的主体，也是思想政治教育的工作对象，思想政治教育研究人员要针对教育对象开展思想政治教育活动，首先要对教育对象思想政治状况及其发展规律进行深入认识和了解。对教育对象思想政治状况及形成和发展规律的研究，有助于思想政治教育人员了解工作对象的特点和思想政治观念发展变化规律，有针对性地开展工作。

对象研究既可以是个体的，也可以是群体和团体的，既包含历史，也可以包含现实和未来，也就是凡是与教育对象相关的内容都属于对象研究领域。而实务研究是指对思想政治教育人员所开展的思想政治教育活动进行研究，它与思想政治教育人员所从事的方方面面工作存在者密切关系，思想政治教育工作人员在日常思想政治教育实践中所从事的各种显性的或隐性的、理论的或实践的、直接的或间接的思想政治教育活动，都可以成为思想政治教育实务研究的范围。至于自身研究是指对思想政治教育人员自身的研究，既包括思想政治教育职业化和专业化，思想政治教育工作的技能和要求，思想政治教育队伍建设和发展等宏大的主题，也包含思想政治教育人员个人生命体会、反思与感悟，生命故事，职业看法和心理感受等微观主题。

从思想政治教育研究现状来看，与传统研究方式相适应，传统思想政治教育研究方式偏重于实务的经验总结和思辨研究，少量的实证研究主要偏重于思想政治教育对象研究，更缺乏思想政治教育自身的研究。这表明思想政治教育研究领域的局限性，只有把儿者统一起来，才能从多角度和多层面对思想政治教育现象

进行全方位透视，了解思想政治教育的全过程。

（四）学术研究与行动研究相结合

学术性和行动性是针对思想政治教育研究而言的。所谓学术性研究是指把思想政治教育作为一门专门的学科，从学理的角度进行科学化研究。学术性研究的主要目的是获取思想政治教育方面的知识和经验，丰富和完善思想政治教育的科学体系。从思想政治教育研究的现状来看，虽然从改革开放初期开始，思想政治教育的第一批学者十分注重经验和实务活动在思想政治教育中的作用，用理论研究指导实际工作，同时从实际工作中进行理论提升形成理论观点，做到理论与实际的结合，但是伴随着思想政治教育科学化和学科化的进程，学术研究者与实务工作者之间的鸿沟却日益加深。

正如有研究者分析："思想政治理论工作者和实际工作者因此归属于不同阵营，即不同的'科学共同体'。思想政治实际工作者面对学术研究只能敬而远之，或者为了某些功利目的做些供发表的论文文章，理论研究者面对实际工作中的问题坐而论道，只能隔靴搔痒，这种楚河汉界分明的状况显然不利于思想政治教育方法研究，必须加以改变。"而行动研究正是弥补理论工作者与实务工作者之间鸿沟的有效途径。

所谓行动性研究或行动研究是指教育实践者为改善自己的实际工作而进行的研究。行动研究是实践者为提高新的行动的效果而对其进行的系统性研究。思想政治教育实践研究是指思想政治教育工作者为了改进思想政治教育工作，提高思想政治教育有效性而开展的研究工作。行动研究有助于把思想政治理论研究者、实务工作者和研究对象等思想政治教育基本力量整合起来，推动思想政治教育理论和实践的发展。

把学术研究与行动研究结合起来，正是促进理论工作者与实务工作者结合起来的有益尝试，学术研究与行动研究、理论工作者与实务工作者所做的工作结合起来，逐渐拉近学术研究与行动研究、理论工作者与实务工作者之间的距离。

第三节 大学生思想政治教育的科学模式的研究与突破

一、深化思想政治教育的人学科学模式的研究

近年来，学界对思想政治教育的人学科学模式的研究取得了一定的成绩。然而，目前研究还存在相当多的空白，比如如何用马克思主义人学来整体性建构思想政治教育学科的框架体系？如何用它从理论维度上来统一本学科的主要范畴系

统、概念系统和方法论原则？如何用它从应用维度来构建本门学科的运行体系模式？这些问题均亟待学界同仁关注和研究。

具体可以从以下两个方面展开：

第一，从基础理论维度研究思想政治教育学的人学基础、价值取向、范畴体系、方法论原则，即马克思主义人学与思想政治教育学的关系；人的本性与思想政治教育的本质；人的价值与思想政治教育的价值取向；人的多向度与思想政治教育学的范畴体系；人的自由与思想政治教育学的方法论原则。

第二，从实践应用维度研究人学视野下的思想政治教育运行体系模式，即人的本质与思想政治教育的对象分析，构建出人的思想政治品德形成发展的动态分析模式；人的发展与思想政治教育的目标设立，构建出人的生存发展方式的优化和提升模式；人的需要与思想政治教育的内容选择，模拟出现代人的需要图景及其引导模式；人的主体性与思想政治教育的运行模式，描绘出思想政治教育的双主体互动模式；人的自教他教性与思想政治教育的队伍建设，构建出思想政治教育队伍建设模式。[1]

二、大学生思想政治教育的科学模式的突破

从探讨科学模式的概念出发，具体阐述了对大学生思想政治教育科学模式的认识，提出了现有的思想政治教育科学模式已不适应新的形势发展的需要，我们要从思想政治教育的地位、内容、方法、途径、评价标准、队伍建设等方面实现突破，以构建可持续发展、符合科学发展观的思想政治教育新科学模式。

（一）大学生思想政治教育科学模式的认识

大学生思想政治教育的科学模式就是在大学生思想政治教育工作中所形成的理论、模型、方法和技术等，是在思想政治教育工作中逐步形成的、相对稳定的、较为系统而具有典型意义的思想政治教育经验，并加以抽象化、结构化，从而形成独特的大学生思想政治教育理论体系。它是在一定的思想政治教育理念支配下，对思想政治教育过程及其组织方式、操作手段、评价机制作出简要的特征鲜明的表述。

大学生思想政治教育科学模式上承抽象的科学理论，下接具体的工作实践，既是大学生思想政治教育的范型化，又是具体经验模式的概括化。它以科学模式所独具的具体性、可操作性相异于一般的思想政治教育理论，又以其内在的逻辑性和完整的科学性而有别于具体的思想政治教育经验，思想政治教育科学模式是

---

[1] 郭志栋. 新时代背景下大学生思想政治教育研究[M]. 天津：天津人民出版社，2019.

联结思想政治教育理论和思想政治教育实践的纽带和桥梁。

思想政治教育工作是高校工作的重要组成部分，也是坚持社会主义办学方向的根本保证。长期以来，我国大学生思想政治教育工作取得了可喜的成绩，但随着我国的高等教育事业飞速发展，办学规模扩大，招生人数增加，伴随着就业分配体制的改革、社会信息化、经济全球化、知识经济的到来，在这种新旧体制交替、新旧观念冲突、各种思想与行为的碰撞中，各种热点、疑点、难点问题已通过多种形式显现出来。

这些新的问题的出现与矛盾的化解，需要思想政治工作者审时度势，突破旧的科学模式的束缚，建构和整合适应新形势、解决新问题的新科学模式。这对于全面贯彻党的教育方针，把大学生思想政治教育的各项任务落到实处，具有十分重要的意义。

（二）思想政治教育科学模式的突破与重构

大学生思想政治教育是我们党和国家在长期的高等教育社会实践中所总结出来的科学经验。思想政治教育整合了马列主义理论、毛泽东思想、邓小平理论、"三个代表"重要思想、教育学、心理学、社会学、伦理学、管理学、政治学、法学、信息学等学科的理论知识，其目的在于提升大学生的精神境界，激发大学生的道德智慧，对大学生进行精神文明与政治文明的培育。

从目前情况来看，现有的思想政治教育的科学模式已经不适应新情况新形势发展的要求，思想政治工作者要从马克思辩证唯物主义认识论和方法论的观点出发，实事求是，与时俱进。思想政治教育工作要摆脱现有的科学模式羁绊，构建新的科学模式，把学生的人格尊严、自由、幸福和全面发展作为思想政治教育的终极关怀，培养学生公平、宽容、诚信、自主、自强、自律的自觉意识和观念，以适应不断变化和发展的新形势，用科学发展观来统领思想政治教育工作。

1.大学生思想政治教育地位的突破

就目前情况来看，一些高校领导没有真正把大学生思想政治教育工作摆在高校工作首位并贯穿于教育教学的全过程。重视专业教学，忽视思想政治课教学；重视专业师资队伍建设，忽视思想政治师资队伍建设。把工作重点和主要精力放在学位点建设、学科建设、扩招、基本建设、专业人才引进等看得见、摸得着、容易出绩效的方面。

对于思想政治教育工作则没有真正摆到重要地位上，在思想观念上也存在认识上的偏差，得过且过。坚定正确的政治方向的培育是靠思想政治教育来进行的，所以说思想政治教育的地位是十分重要的。要真正将大学生思想政治教育工作摆到应有的位置上，构建统领和组织思想政治教育的新科学模式，这是加强和改进大学生思想政治教育工作和维护高校稳定的重要保证和长效机制。

2.大学生思想政治教育内容上的突破

目前思想政治教育的内容最高和唯一目标是党的方针、政策和路线教育，忽视了道德品质的系统教育；多门课程的内容有相当一部分重叠，"两课"教学中内容单一，相对僵化、机械、呆板。思想政治教育理论课的内容脱离学生的实际和社会实际，尤其在一些理论的讲授中出现前后矛盾的地方。就教材而言，思想政治教材是书抄书，教条、过时、程式化，缺少理论与实际的联系，缺少了时代性、针对性、现实性。

在当今知识经济时代，社会在飞速向前发展，新知识、新思想、新理论层出不穷，在推动社会进步中起到相当大的作用。思想政治教育要把与人的思想境界的提高和思维能力发展相关的内容纳入到思想政治教育范畴，不仅要加强人生观、世界观、价值观、政治观、法制观、道德观等教育，而且要加强理想、信念、意志、道德情操、心理、文化素养、人际关系等教育。思想政治教育课的内容就要吸收这些符合社会发展的客观规律、对社会的发展起指导作用的理论进课堂，要淘汰过时的内容，吐故纳新、推陈出新，建立起适应形势发展需要、与实际紧密相连的新的内容。

所以在对大学生进行思想政治教育时要做到以下几点：首先要掌握马克思主义、毛泽东思想、邓小平理论和"三个代表"重要思想，树立科学的世界观，学会运用马克思主义科学的认识论和方法论。

其次，坚持实事求是，一切从实际出发，理论联系实际。理论面向实践、指导实践并随着客观实践的发展而发展完善，它才有强大的生命力和战斗力，才能有指导意义和理论价值。思想政治教育的教学不仅要对学生进行教材中的思想政治理论方面的教育，还要加强理论联系实际的力度，让学生利用所学的理论知识解决新问题，教师则加以理论上的指导和方向上的引导。

再次，教师在教学内容的选择上，要坚持贴近实际，要深入到学生生活当中去，把讲课的内容对准火热生活，关注生活细节、聚焦生活场景，把握大学生的生活习惯和思想脉搏，建构与之交流的平台，并通过具体案例来解决理论与实际问题。

3.大学生思想政治教育方法上的突破

当前大学生思想政治教育在方法上已不适应新形势发展的要求，人们往往从说教出发，脱离人们的认知规律，没有与大学生平等对话，剥夺他们的话语权，在教与学的过程中，学生始终处于被动地位。这样的教学科学模式，吸引力、感染力不够，针对性、实效性不强，没有调动和激发学生的主观能动性、积极参与意识，使思想政治教育流于形式。

要改变这种旧的科学模式，首先要改变我们的思维方式，要变教与学的主客体性为主体间性范型与模式。主客体性强调了教育者的主体地位和主导作用，受教育者的客体地位和服从角色，师生关系实际上是支配与被支配的关系，这种模式极大地阻碍了客体对思想教育的内容由认知到内化和外化的效果。

主体间性是20世纪哲学中凸现出的用以构建交往理论科学模式的核心概念，主要是指两个或两个以上的主体的关系，体现了人与人之间相交流、沟通、影响、作用的内在属性。在思想政治教育过程中，作为参与者的教师主体，不仅在改造客体的活动中表现出主体性，而且要与另一主体学生互相制约、设定，具有主体间性。如果说交往活动的实践性为思想政治教育的实现提供了可能性，则交往理论的主体间性为思想政治教育模式的构建提供了理论支撑。主体间性意味着师生共同享有和谐、平等的环境，从而在进行信息的交流和沟通时，能激发主体的能动性，共享精神、知识、智慧、意义，共享人际间一切精神上的成果。

其次要借鉴和学习不同社会制度国家在此领域的科学方法，引进和吸收全人类优秀思想政治教育成果，博采众长，去粗取精，洋为中用。

再次要在课堂教学的方法上取得突破。课堂教学变单向灌输为师生的双向交流，把被动式的教学变为主动式教学，提倡教学民主。要尊重学生，确立其主体地位，通过讨论、辩论、模拟教学等手段，与学生进行平等交流，激发和调动学生的自主意识、参与意识、责任意识。让学生体验生活、感悟生活，有目的地改变生活，这是思想政治教育的最终归宿。

4.大学生思想政治教育途径上的突破

现有的思想政治教育途径，片面强调了理论教育，而忽视了情感教育和意志品德的实践教育；强调了学校教育，忽视了社会教育；强调思想政治教育专业人员教育，忽视了全员教育；重视了思想政治教育考试内容的教育，而忽视了思想政治教育内容的内化和外化教育；重视了对于传统载体的利用，而忽视了对新型教育媒介的利用。这就人为地割裂了大学生培养过程中知、情、意、信、行统一的整体。

要改变这种现状，须在充分发挥好"两课"教育在大学生思想政治教育中主渠道作用的同时，对思想政治教育要多渠道、多元化。"思想政治工作由党来领导，但绝不仅是党的工作，而是个全社会的工作"。思想政治教育工作由全社会来做、要延伸到社会的每一个角落，特别是每一个家庭。这项工作不仅仅是大学的事，在大学里也不仅仅是"两课"教师和政工人员的事。

在教学过程中，要变单纯的灌输教育为灌输教育与自我教育相结合，树立全员育人意识，形成教书育人、管理育人、服务育人的教育网络。不仅要重视对思想政治教育内容的教育，而且要在社会生活实践中将思想政治教育的内容外化到学生的行动中，要走向社会，深入实际，坚持调查研究，在实践中获得对发展中的社会主义的新认识，明确自己的历史责任和社会责任。不仅要利用传统的渠道进行思想政治教育，而且要利用以计算机技术为核心的网络等系统对学生进行教育；要将理论与社会实践结合起来，通过实习、考察等各项社会实践活动对学生进行思想政治教育；要加强校园文化的建设，在校园文化活动中培养学生高尚的道德情操与思想觉悟。

5.大学生思想政治教育评价标准的突破

大学生思想政治教育的考评标准，目前普遍采用卷面考试评分的办法，只是对学生进行思想政治理论知识水平进行考核，而没有考核学生的理解和践行情况，没有反映学生的思想境界和政治觉悟。如有的学生虽在课堂考试中得了高分，但其日常生活中的思想和行为表现却与之形成了强烈反差，知行不一，言行不一。

要解决这种旧的评价科学模式存在的问题，就要建立一个科学的评价标准，在这个评价模式中，既有对学生所掌握理论知识的测试，又有日常思想行为考核；既有定量的分数考核，又有定性的等第考核；既有教师的评价，又有同学之间和自我的评价。要对学生的知、情、意、信、行进行综合评价，全面、客观、科学地来衡量一个学生的政治思想觉悟和道德品质水准。

6.大学生思想政治教育队伍建设的突破

就大多数高校目前情况来看，作为思想政治教育骨干的"两课"教师，无论在数量上还是在质量上都没有达到应有的标准和要求。教师数量少、任务重、头绪多，思想政治教育作为公共课受重视的程度不够。尽管近年来教师的学历层次不断提高，但总体学历层次偏低，有些教师的理论知识水平与实际工作经验都有待提高和积累。

提高教师素质，建立一支稳定的高水平、数量足的教师队伍，是实施思想政治教育的基础和根本保证。高校思想政治教育的教师要有坚定的政治信念、高度的事业心和强烈的责任感；要有坚实的专业基础知识和广博的人文知识，要有健全的人格品质特征和高尚的情操；要有科学、民主的思想，与学生平等交流；要严于律己，为人表率，用良好的思想作风影响学生，成为学生治学、思想政治信仰的典范修养。

第四章　大学生思想政治教育的主要途径

伴随我国经济、政治、文化的迅速发展和深刻变革，大学生思想政治教育在艰辛探索中不断走向丰富与多样，以有效应对现实情况的变化发展，逐步形成了建设校园文化、开展社会实践、开展党团组织建设、主动占领网上阵地等主要实现路径。

第一节　校园文化建设中的思想政治教育

校园文化是社会主义先进文化的重要组成部分，是学校软实力的重要体现，大力建设校园文化，对于推进高等教育改革发展、加强和改进大学生思想政治教育具有重要的作用。

一、校园文化对思想政治教育的影响

（一）校园文化是大学生思想政治教育的催化剂

校园文化无论内容如何、形式怎样都必然是一种积极向上、充满正能量的文化，这使得校园文化成为社会主义先进文化的一个有机组成部分。校园文化要吸纳中国传统文化中"和谐"思想的内核，承担起以社会主义先进文化来促进社会主义和谐社会建设的时代责任，积极应对和正确解决大学生学习、生活、交往等活动出现的新情况、新问题、新变化和新动向。比如同学之间竞争合作关系，自身心理压力调整，个人消费差异带来贫富现象等一系列问题等，都需要有一个精神理念来统领人们在处理这些状况时的方式、方法。只有当"和谐"文化进入学生的认知视域，才能在理想、信念、成才和素质这些理论色彩强烈的主题教育前，

带来一种柔性的文化精神，真正解决好、处理好大学生们的实际问题。[①]

（二）校园文化有利于引导大学生主体作用的发挥

高等教育关系着我国传统文化的传承以及新兴文化的传播，所以无论从传统文化的角度还是从新兴文化的角度来看，教育对社会文化的传承和传播都有着重要的作用。高校的教师是高素质的文化群体，对教育质量和教育效果有着直接的影响，他们的学识、举止、言行以及作风，不仅对大学生自身起着示范作用，同时也对受其影响效仿学习的大学生周围的人起着积极的示范作用。

由于社会经历和经验的制约，大学生的人生观和价值观虽然已经基本形成，但是在对价值取向的判断上并没有真正成熟，容易受到朋友、环境等外部因素的干扰，导致认知和行为上的偏差甚至是错误。经过良好的校园文化熏陶，大学生虽然进入社会之后仍然存在社会经验不足等问题，但是他们坚定、明确的人生追求和价值取向可以帮助他们做出最正确的选择。另外，坚定的人生追求可以帮助大学生建立起强烈的自信心，并以饱满的热情和活力感染周围的同学和朋友，发挥自己在思想政治教育中的主体作用。

（三）校园文化增加了大学生思想政治教育的内容

校园文化具有整合、引导、塑造的作用，对大学生思想政治教育具有效果显著的影响力，这在很大程度上丰富了大学生思想政治教育的内容。

1.校园文化具有追求务实、追求崇高的凝聚力

在当代，这种崇高的精神境界就是"以人为本"的人文精神、"求真务实"的科学精神、"着眼未来"的超越精神和"自强不息"的奋斗精神。正是有这些精神因素的存在，才能聚集成建设有中国特色社会主义的共同的理想，把师生的智慧和力量团结到构建和谐校园的共同事业之中。

2.校园文化对大学生具有重要的教育导向作用

通过丰富多彩的校园文化方式，大学生可以得到精神上的熏陶和教育，从而形成乐观自信、勤奋敬业、严谨笃学等优秀的人格品质。校园文化对勤奋、踏实、诚实、守信、敢于创新的良好学风，以及崇尚科学、严谨求实、善于创新的良好校风具有极为有利的促进作用。在良好校园文化的帮助和促进下，大学教育才能将其最大的作用发挥出来。

3.校园文化具有源源不断的创造力

大学作为思想最活跃、最富有创造力的地方，它同时是新知识、新思想、新文化的策源地，其创造力主要来自担当社会责任的知识分子群体追求真理、体现

[①] 秦大伟，朱平，郑小丽. 思想政治教育与职业素养[M]. 北京：研究出版社，2019.

公平正义的社会理想,发挥着文化对社会进步的强大影响作用。文化可以作为一个维系民族、社团、集体的共同价值取向,使更多大学生在对这一共同认知的追求中,走向真善美。

二、当前我国校园文化面临的挑战

随着我国改革开放和全球化步伐的日益加快,随之而来的文化多元化、意识形态多元化、生活方式多元化等,呈现由"一"到"多"的特点,且当下信息高速传播,渠道日趋丰富,外来文化冲击着原有的文化模式和思维方式,使当下的校园文化呈现出新的特点。

(一)内容——丰富性与复杂性并存

全球化带来了物质和文化上的极大丰富,新的观念和方法也随着文化一同被注入人们的生活。不同文化之间不可避免地互相渗透、吸取,这种互相吸收和补充,形成了"你中有我,我中有你"的局面。但这也对原有的文化观念提出了挑战。如何做好不同文化的相互融合,进行正确的价值判断,需要较高的判断力和分析力,这对个人素质提出了要求。

当前在校的大学生正处在身心快速发展的阶段,他们涉世未深、阅历较浅,对很多社会现象还不能很好地把握,且极容易受鼓动和影响。加上国际社会思潮的进入,这为学生们的成长提供了机遇的同时,但也给各大院校提出了培养的难题。只有提升学生的文化甄别能力,这样才能尽可能地避免负面效应。

(二)评价标准——创新性与变化性相依

校园文化建设的目的是要实现育人的效果。不同的时代背景和社会需求,对人才的要求也是不同的。学校培育的人才要能适应社会发展、实现自我的完善,因此有人的理念不是一成不变的,要能与时俱进,适当地进行调整。

当今社会,全球联系广泛加强,高新技术快速更新,经济发展日新月异,文化交融错综复杂,这对学校育人提出了更高的要求,要求学校培育出满足社会多元需求的复合型人才。这要求学生要有国际化视野,与经济全球化、教育国际化和文化多元化等时代特点相适应,全面提升综合素质。因此,校园文化的评价标准也会随之发生变化。

(三)文化选择——多元性与甄别性共生

当下的文化交融日益增多,学生在校园里接受各种文化气息的熏陶,思维活跃,长于思考,因此不同类型的文化在大学校园里很容易引起共鸣,产生作用。要进行选择,做出适宜的价值判断,学生们必须进行全面的了解,凭借敏锐的观察力,通过缜密的分析,根据自身实际情况做出取舍,这样才能促进个人的健康发展。如先前在一些学生中出现的拜金主义、享乐主义等，即是对一些外来文化的盲目追求、片面理解、曲解和误解，形成的一种不良风气。

在当前多元文化背景下，本土文化被越来越多的国外文化观念影响，但我们不能简单地沿用和吸收这些异域文化，而要对其进行甄别。校园文化建设是对学生进行思想引领的重要方面，对学生的世界观、人生观和价值观有着深刻的影响。

（四）文化理念——开放性与传统型交融

校园文化作为校园里的一种精神文化，对学生的教育引导功能是十分明显的，因而它必须是在长期的实践检验中不断完善和延续而形成的。校园文化元素本身就包含了相对稳定和传统的成分，在历史的积淀中，逐渐被广大师生所接受，具有一定的社会影响力。但现代社会，新的文化思潮带来了许多与传统不太相同的理念，若一味地因循守旧，延续陈旧的做法，必然会和学生当下的生活理念发生冲突，容易遭受质疑。校园文化必然要兼收并蓄，广泛吸收新文化理念，进行加工改造，以更具时代色彩的新形式出现，从而为己所用。因此，校园文化本身又必然具有一定的开放性，应主动融入学生的学习生活中去，实现双向互动。

三、建设校园文化要坚持的基本原则

（一）坚持主旋律与尊重多样性的统一

大学是人类文化传承、创新与发展的重要基地。大学不但要传承和创新知识，更具有熔铸、守望人文精神的神圣使命。校园文化建设是实现这一使命的必然途径，是学校精神文明建设的重要基础和重要前提。

学校必须建设一个文化层次较高的校园文化环境，传承大学精神，使广大青年学生能养成良好的思想道德品质。党的十四届六中全会决议提出的社会主义精神文明建设指导思想中，提出了"以科学的理论武装人，以正确的舆论引导人，以高尚的精神塑造人，以优秀的作品鼓舞人"的理论指示。这也就要求校园文化建设必须坚持正确的政治方向、价值导向和审美旨向，贯彻党的基本路线和教育方针，高扬社会主义、爱国主义和集体主义主旋律。

当今社会处于文化井喷时代，各种类型的文化层出不穷，相互交融并得以发展。社会发展必将呈现出更大的开放性和适应性，文化多样性将是一种必然趋势。建设高水平的校园文化必须使校园与社会联网，走开放之路，尊重主体多样性的发展。

当然，尊重校园文化多样性也不等于忽视主旋律建设的精神引领作用。文化主旋律和文化多样性是相互促进的关系，也就是必须坚持主旋律与尊重多样性的统一，这才是对校园文化建设应该持有的态度。

（二）坚持积淀传承与创新发展的统一

文化是历史形成的。不经过一定的历史积淀和传承，文化的优秀品质难以体现。在学校长期发展的历史积淀中形成的、具有相对稳定性的文化传统意识是现代校园文化传统中最宝贵的部分，是大学抵抗挫折、谋求发展的顽强生命力的底蕴所在，是学校的灵魂，是学校精神与氛围的集中体现，也是学校赖以生存的根基，更是学校可持续发展的精神动力，对于稳定大学的风格和水准具有至关重要的作用。

大学能够得以持续健康发展的推动力源自优秀的校园文化。校园文化的建设与创造，既是一个继承、借鉴、创新的综合过程，也是一个德育与智育、科学与价值以及人与人相互作用、相互促进的复杂过程，需要精心构建，要在理念上精心提炼，在实践中长期培育。传承学校的特色与优势文化需要依靠学校师生的共同努力与不懈创造。

（三）坚持立足国情与面向世界的统一

面对经济全球化的挑战，校园文化不能回避而应积极主动地融入世界大潮之中，通过与大风大浪的搏击，使自己的羽翼逐渐丰满，从而实现国际化与民族化的统一，实现自身的完善和发展。

从根本上说，对待面向世界和立足国情的态度是与我们对外来文化和传统文化的态度完全一致的。对外来文化和传统文化，校园文化的基本原则是采取分析、辩证的态度，积极利用其合理成分，并结合具体情况加以批判继承、消化吸收。

因此，这也是我们在看待面向世界和立足国情时的总方针。但长期以来，校园文化在实际发展中，往偏离或忽视了这个方针，完全凭主观臆断，感情用事，这是制约校园文化发展的重大问题。

四、加强校园文化建设，突出文化育人

学校校园文化建设要以文化为载体，着眼于人才培养，着力于精神文化塑造。学校应牢牢把握育人为本的校园文化建设主线，努力开创校园文化建设的新局面。

（一）加强校园环境建设，保障校园物质文化和精神文化发展的协调性

环境在育人中的作用不应忽视，在校园文化建设中，要突出环境在大学生思想政治教育中的育人功能。加强校园文化的环境建设，这主要包括自然环境与人文环境的建设。

1.加强校容校貌等物质文化的建设

校容校貌建设包括学校的建筑风格、绿化美化的程度、自然风景特色、环境

整洁水平、设备现代化层次等。校园内应有与本校相关的大家、名师的雕像,主题文化广场,校友捐赠的奇石,校园的花草树木,学校的文明标志牌等。建设校容校貌这种物质文化,一方面能够通过治学前辈的名言在精神上激励大学生进一步前行;另一方面能够通过包括学校格局在内的各种"艺术精品"培养大学生的审美情趣,强化大学生辨别美的能力。

2.加强校园人文环境的建设

校园人文环境是一个大学生对自己学校最值得自豪和骄傲的内容。校园的人文环境建设,大师的精神传递要通过校史、板报、宣传窗、校训标志、电子标语等方式向学生进行传播。所以校园的人文环境建设能够起到对师生的人文情趣的引导作用。

(二)突出文化育人,使校园科学精神与人文精神和谐发展

在当前多元社会思潮和文化的影响下,学校校园文化建设应始终坚持人文精神和科学精神的相互依存、和谐发展。在学校校园文化建设中,科学精神和人文精神是大学生观察与认识世界不可缺少的两种素养。

1.加强科学精神培养的重要性

当今世界国际化程度越来越高,社会生活日新月异,结合我国社会的发展现状和高等教育的发展改革,顺应社会对于各种人才的客观要求,校园文化的发展必须加强大学生科学精神的培养。当今世界各国主导的观念是把大学定位成一个集科学研究、人才培养和服务社会等各项功能于一体的综合型教育机构。要完成好这一任务,必然要求大学教育的重点放在培养严谨规范、求实创新的科学精神上,使高等学校在学生有限的大学学习时间里,充分利用各种教育资源,传授给学生这一科学精神,从而完成国家和社会赋予高等教育的神圣使命。

从我国高等教育改革发展的目标来看,要想充分适应我国社会国际化、信息化发展的客观需求,培养出综合素质高、拓展能力强的合格人才,在学校校园文化建设中,都应该围绕一个核心,那就是培养和激发学生自主精神,独立思考、善于创新的综合能力,在教学设计的理念方面、课程体系及内容方面、在教学方法与手段方面,进一步更新、调整和变革,而这些都与科学精神的本质内涵相辅相成。

2.加强人文精神培养的重要性

国际化对学校校园文化建设中人文精神的培养提出了更高的要求。

(1)随着西方社会思潮的侵入,许多大学生的价值观有了偏差,在校园学习生活中感到目标不明确,前进无动力。加强大学生人文精神培养,有助于学生世界观、人生观和价值观的完善,帮助大学生培养积极向上的精神面貌,树立远大

的理想抱负，执着于人生目标的追求。

（2）提高人文素质有助于增强大学生的民族自豪感，培养大学生的爱国主义情感。人文素质本身就体现了强烈的民族性，不同的民族有不同的历史，不同的国家有不同的文化。

（3）学校校园文化建设加强人文精神培养，有助于解决大学生的心理问题、保持其精神生活的健康。当前学校学生心理问题一直是学生安全稳定问题中的一个主要问题。

3.保证科学精神与人文精神的统一

学校校园文化建设保持人文精神与科学素养的统一，是突出校园文化育人功能的关键。高等教育培养的社会主义事业的建设者和接班人，应该是既有严谨认真的科学素养，又有健康崇高的人文精神的现代意义上的完整的人。

从人类发展的文明史来看，自然科学和人文科学之间是相互补充、不可替代的。我国高等教育担负着培养中国特色社会主义建设需要的合格人才的重要任务，学校应充分认识到，校园文化建设中培养健康合格大学生的关键在于倡导和推进科学精神与人文精神的和谐发展，以此培养的高素质的大学生才能在国家发展建设中起到中流砥柱的作用。

（三）加强组织领导建设，完善校园文化建设机制

1.加强组织领导

所谓大学校园文化建设的合力与共谋，除了内部合力问题之外，对于外部应该从两个方面予以考查：一方面强调大学校园文化建设要与外部环境相适应，另一方面还要强调外部环境促进大学校园文化的建设与发展。

在大学校园文化建设中，政府可以从自身职能出发，利用间接的宏观管理方式促进其建设发展。具体方式包括以下方面：

（1）一是政策方式，即通过制定相关政策来引导学校进行文化建设的行为；

（2）二是经济方式，即在拨款、资助、投资、奖励和招标等教育经费分配过程中通过合理的倾斜来调整提高文化方面的投入；

（3）三是信息服务的方式，即通过提供信息服务来使学校有选择地决策自己的行为；

（4）四是监督评价方式，政府教育部门通过检查、鉴定、评估等活动来对文化建设情况进行检查监督。只有内外兼修，调动多方面的积极性，才能整合资源，凝聚力量。

2.完善校园制度

大学校园文化需要制度框架的支撑，大学校园文化是娇嫩的花朵，高贵的理念也只有在与之相容的制度下才能存在并得以发扬。因此，只有完善各项制度措施，大学校园文化的凝聚力和创新力才能竞相迸发，大学校园文化才能卓尔不群、历久弥坚。具体来说，各项制度措施的完善必须着眼于以下几个方面。

（1）在起点上，一项制度措施的制定与完善首先要建立在民主和法制的基础之上，反映在大学校园文化中，就是依法治校和民主管理，有这样一个逻辑前提，才有可能营造一个宽松和谐的学术环境，发扬批判和独立的精神，鼓励教师进行开创性的研究。

（2）在转变学校行政职能方面，要更多地体现"精神性"而非"物质性"，"全员性"而非"科层性"，加强教授治学、教师参与学校学术事务管理的权力，唯有如此，学术权力才能超越行政权力。

（3）各学科的高度交叉和融合是当前全球环境学术发展的必然选择，因此，改革现有的学科和科研管理的组织模式，不断提高大学的学科和科研的管理水平，以更好地适应现代学科的发展，促进学科的交叉和科技创新。

第二节　社会实践活动中的思想政治教育

一、大学生思想政治教育社会实践的特性

（一）综合性

大学生社会化的任务是为进入社会、承担社会职责做好全面的准备，必然要求大学生在学习、成长成才和社会化过程中，全面系统地掌握知识、提升能力、锤炼品格、了解社会，成长为社会所需的高素质复合型人才。

大学生社会实践活动必须具备社会实践内容的全面性、实践形式的多样性和实践理念的包容性，这就赋予了大学生社会实践活动所具有的综合性特征。

首先，大学生社会实践应该实现德、智、体、美的有机结合，完成全方位育人的目标，强化社会实践内容的全面性；其次，大学生社会实践应该实现自我教育、学校教育和社会教育的有机结合，突出社会实践形式的多样性；再次，大学生社会实践应该实现主观与客观、理论与实践的有机结合，彰显社会实践理念的包容性。

（二）主体性

大学生社会实践突出实践性，即主体本身的积极性、主动性和创造性，是以主体的全面发展为目的，通过生动活泼的活动来影响主体的观念和行为的。

相对于传统思想政治教育强调以学科知识体系为中心、以教师为中心，现代

思想政治教育实践教学更应当充分尊重学生的积极性、主动性和创造性，发挥学生自教自律的功能，培养学生的主动性和创造力。

首先，实践教学以培养、提升学生的主体性为目的，而不是单纯地灌输政治观念和理论知识；其次，现代思想政治教育实践教学在整个过程中都注重学生的主动参与和亲身体验，学生在活动中处于主体地位。无论是实践课题的选定、材料的搜集或者具体实践活动的选择和开展，还是实践活动结束后的总结与升华，都离不开学生积极性、主动性的发挥。可以说，强调学生的主体性是实践教学的本质特征之一。

（三）预演性

从严格意义上来说，大学生社会实践行为本身，在很大程度上依然属于校园行为。对于大学生而言，这种活动是一种有意义的起点，未来的知识储备、能力释放、生命体验、生活展演、事业开拓，都必须借助于大学阶段的教育和相应的社会实践活动奠定良好的基础。

所以，社会实践活动是大学生对未来社会生活、工作方式与学习方式的一种预演，可以对大学生产生积极作用，有利于培养成人感受和社会性情感，锻炼自理能力，培养日常生活、工作技能；有利于他们尽快融入社会，加快他们的社会化进程，尽早成才。具体而言，这种预演性特征有三个方面：一是思维的预演性，二是行为的演练性，三是环境的仿真性。

（四）创造性

创造是人类实践活动独有的特征。建设创新型国家，提高自主创新能力，是我国现代化建设的时代要求。因此，培养具有创新精神与实践能力的高素质人才，是高等教育肩负的历史使命。大学生作为继往开来的年轻一代，在社会实践活动中同样要完成学习继承的历史任务，更要勇于面向未来、开拓创新。

这就要求大学生社会实践活动必须具有创造性特征，这种创造性特征具体表现为以下方面：首先，大学生在社会实践教育活动中活学活用知识的应用性特点；其次，大学生在社会实践活动中追求新知、探求未知的探索性特点；再次，大学生在社会实践活动中实现从无到有、综合集成、拓展深化的创新性特点。显然，这种创新性的社会实践活动，有助于大学生处理继承与创新、平庸与卓越、失败与成功的相互关系，为创造性实践引领方向。[①]

[①] 秦大伟，朱平，郑小丽. 思想政治教育与职业素养［M］. 北京：研究出版社，2019.

二、大学生社会实践的重要作用

当代大学生社会实践活动是一种学习性、成长性和社会化实践,它在大学生的成长中起着重要的作用。主要表现在以下三个方面。

(一) 有利于对知识的掌握、应用和创新

这是社会实践的首要功能,在社会实践活动这个实践的、整体的和开放的综合教育平台上,大学生可以获取知识,体验情感,发展个性,提升全面发展的水平。

1.掌握知识

知识就是力量。知识主要有陈述性知识和程序性知识两种。前者是说明"是什么"的知识,后者是关于"怎样做"的知识。如果说学生通过课程学习获得的是陈述性知识,那么,社会实践无疑有利于大学生程序性知识的掌握和陈述性知识的理解。当今的大学教育过于强调以公正的准则为基础,重视对知识的模仿与继承。

相反,社会实践则强调学生的知识获得遵循"从现实中学、从实验中学、从研究中学"的路径,突出大学生对知识的概括、提炼和领会,重视大学生读书学习的最终目的是运用知识解决问题,因此,社会实践是大学生获取新知识的导航器、知识掌握情况的检测器、知识巩固和知识领会的助推器。

2.应用知识

对于大学生来说,不仅仅是领会和巩固知识,更重要的是学会对知识的灵活应用。社会实践活动是大学生"学以致用"的舞台,它以满足需要和解决问题为核心,强调大学生积极探究所面对的世界,注重大学生在活动中学会发现、学会践行知识,通过这种实践活动,大学生不仅可以了解知识、把握现实社会,还可以在活动中体验感悟、创设情境、主动探究,从而使他们的知识与能力得到完美连接和释放。

(二) 有利于大学生全面成长成才

促进大学生全面成长成才这一功能主要表现在以下三个方面。

1.提升大学生的综合素质

当今世界,国家间的竞争说到底是人才的竞争,人才综合素质的高低决定人才对社会贡献率的大小。我国高等教育的重要任务主要有两个方面,即不仅要提升大学生的专业知识和技能,也需要他们具有较高的思想道德素质、科学文化素质、艺术审美素质、劳动素质和身心素质。

因而,大学生必须从社会实践中学习,从群众中学习,坚定社会主义信念,

强化各种知识和技能的学习，注重身心健康，追求科学发展，全力把自己培养锻炼成为社会主义建设的"四有"新人，用所学的知识服务社会和人民。

2.锻炼大学生的实践能力

大学生的实践能力就是指大学生解决问题的能力。大学生学到的知识可以在社会实践中得到证实，从而可以强化他们知识与技能的针对性应用和训练，帮助他们了解、熟悉社会各种行业、职业资格认定标准和角色活动领域以及所需的各种专项技能，并将这些要求作为培养与提高自己实践能力的参照指标。同时，社会实践活动还能有效锻造大学生的分析判断能力、监控评价能力、决策执行能力等情景实践能力，全面推动大学生积极追求综合实践能力匹配。

3.完善大学生的人格

健康的人格对一个人的成长成才和社会来说都有积极的意义，处于"成人早期"的大学生，虽然人格还具有较强的可塑性，但社会实践能极强地促进大学生准确定位自身价值，培育他们具有远大的奋斗目标和强烈的道德责任感，推动他们提高自我意识，形成良好的情绪自控能力，构建良好的社会适应能力与和谐的人际关系，讲究合作、自律，具备乐观向上的生活态度和崇高的审美情趣，塑造健康的人格。

（三）有利于推动大学生社会服务

社会实践活动推动着校外现实生活与高等教育之间的有效对接，凸显着自身面向现代化、服务社会的功能。

1.推动大学生与生产劳动的结合

与生产劳动相结合是马克思主义教育思想的重要指针。社会实践连接着高等教育与社会生产活动，有效推动大学生走上社会、适应社会需求、承担社会责任。

（1）与生产劳动相结合，可以磨练大学生的立业心智

大学生完成学业后，必然以普通劳动者的身份进入社会选择职业。现实带给他们的立业压力是全方位的，如高校扩招、用人单位要求高、就业单位薪酬偏低、工作环境较差以及创业过程中市场、资金、技术、设备等方面带来的压力等。现实和准现实的多层压力加在当代大学生肩上，理想的目标和预期与现实的满足程度反差明显，立业的现实矛盾更加突出，大学生的立业心理出现极大波动。

因此，通过社会实践活动，大学生可以对用人单位的人才需求信息和趋势有一定的了解，认识到来自社会职业竞争的压力，调整自身的立业目标以适应这样的社会，矫正心态，转变观念，抓住机会，以"先就业后择业再创业"的方式学会生存和立业。实践已经证明，机遇垂青有准备的头脑，心智的磨练是成功的开始。

（2）与生产劳动相结合，是对大学生立业素质与能力的一次综合试行

在社会实践活动中，大学生应当努力提高自身的综合素质和劳动技能。通过社会实践活动，大学生一方面会增加工作经验和社会阅历；另一方面，积极参与社会实践活动，发现自身的不足，调整课程选择，明确职业目标，自主规划学习生涯，合理安排时间，恰当利用学习空间，完善知识结构，强化专业技能训练，实现知识向能力的转化、由学业意识向职业意识的转化，拓宽大学生职业选择的渠道，综合试行大学生服务社会的本领。

当然，在实际生活中，大学生以多种方式与生产劳动相结合，如主体上的大学生个体与群体，方式上的实习、实训、勤工俭学、挂职锻炼等，时间上的假期与平时，空间上的乡村与城市等。

2.推动大学生与人民群众的结合

坚定不移地走与人民群众相结合的道路是我国有志青年团结进步、奋发成长的必由之路。"与人民群众相结合"的思想，是马克思主义"与生产劳动相结合"思想的深化和具体展开，规定并演练青年大学生成长成才的正确方向和精神境界，青年学生只有与人民群众相结合，才能成长为坚定的马克思主义者、社会主义事业的可靠接班人和合格的建设者。

大学生不仅要从书本上、课堂里系统地学习、接受马克思主义理论和中国特色社会主义理论体系，还必须从当代中国的实践中去学，学会运用马克思主义的立场、观点和方法去分析、研究和解决现实问题。走与人民群众相结合的道路，实质是坚定地走与马克思主义相结合的道路。社会实践活动既是对大学生政治觉悟、精神境界的检验，也是对大学生政治觉悟和精神境界的演练。

同时，只有与人民群众相结合，大学生的知识体系和能力体系才能得到充实、检验与演练。在校大学生的知识体系和能力体系并不完整，只有同人民群众相结合，才能做到书本知识和实践知识相结合、能力发展与社会需求相统一。因此，社会实践有利于推动大学生与人民群众的结合。

3.推动大学生学会生存

社会实践活动既包含对生存知识与能力的学习，也包含对生存意义的追寻和探求。社会实践活动可以有效地推动大学生更好更快地融入社会、立足社会、服务社会。

因此，为正确引导学生，克服和消除社会实践活动游戏化、炒作化、作秀化等不良倾向，我们应该广泛动员，认真组织，提高大学生参与社会实践活动的主动性与积极性。

与此同时，还要给予大学生以恰当的指导，以多种方式强化挫折教育，磨练他们的意志。此外，我们还应该营造良好的社会舆论环境，制定相应的实践活动

细则，规范具体要求，以制度化、科学化的方式保障大学生提高社会化生存能力，从而使他们肩负起新世纪祖国发展所赋予的历史重任。

三、大学生社会实践建设路径

（一）加强和完善组织管理

1.加强组织管理机制的规范化建设

社会实践的各项措施需要规范的组织管理机制来保证落实到位。建立这种机制就是要确定社会实践的目标，明确学校组织系统中各部门（如团委、宣传部、教务处、人事处、科研处、各院系等）在大学生社会实践中的职责。需要指出的是，校团组织不要怕失权和放权，一切只要有利于社会实践活动有效开展的，都应该大胆去尝试。在具体的实践活动中，要注意把活动的"点""线""面"相结合，既要重视社会实践的"点"和"线"，把某一类实践活动搞得有声有色，又要紧密关注面向学生个体的社会实践活动。对学生个体也应在社会实践主题的确定、实践方式的选择、具体实践活动的实施、实践报告的撰写等方面进行有效的指导，并明确提出实践的具体要求。

2.丰富大学生社会实践的形式和内容

社会实践要形成自身的特色和品牌，既有利于实践活动的稳定发展，又不断迈向新台阶。要充分考虑地方的需要，大力开展多种人民群众迫切需要的服务活动，如支教、送医疗和科技知识下乡、送文艺活动、法律援助活动等。可以采取不同的活动形式，比如社会调查、生产劳动、志愿服务、公益活动等，但一定要深入下去，不能浅尝辄止，做表面文章。要有不怕吃苦的精神，只有沉得下去，才能切实感受到社会最真实最有用的东西，才能真正获得提高。

3.完善大学生社会实践的监督、考核评价机制

高校社会实践的对象是全体学生。因此，要建立真正对广大学生起激励作用的实践考核评价机制，把社会实践成绩记入学分。另外，可考虑建立社会实践资信证书制度，把参与社会实践的质量与学生将来的就业挂钩，以此来提高学生参加社会实践的积极性。

（二）推进大学生社会实践、科技实践和创业实践基地建设

1.社会实践基地建设

一方面，大学生可以充分结合区校、村校、校企共建服务活动，在区县、农村、企业建设基地；另一方面，大学生还可以以班级、院系、社团等组织为单位，就近建立实践基地，各实践队伍与各实践对象可以建立长期的合作关系。

同时，不同年级的学生还可以采取以老带新的方式组团开展活动，增强实践

基地的传承性，为更多大学生经常性地参与社会实践活动提供机会和渠道。这种校外结合专业特点、自身优势参加社会调查、实际生产、企业管理的形式，不仅能为社会和企业提供技术服务，也可以帮助大学生通过社会实践提升专业技能，锻炼适应社会的能力。

2.科技实践基地建设

高校通过开展诸如全国"挑战杯"科技竞赛、国家大学生创新性实验计划等活动，并结合科学商店项目（大学生科普志愿者进社区）在校内建立大学生科创中心，作为科技实践基地。

同时，高校可以开展各项科技文化活动为巩固科技实践基地奠定基础，提高学生参与科技实践基地的积极性。鼓励完成一定创新实践并取得成果的大学生，如可由学校组织专家审核认定后，奖励一定的学分。从科技创新的角度承认大学生的科技成果，这样学生科技创新能力的提高反过来会激发学生进一步学好科学文化知识和积极参与科技实践基地建设的兴趣，形成良性循环。

3.创业实践基地建设

学校不仅要满足学生创业实践的基本要求，还要通过开展系统的创业教育，选修课程和个别指导对学生进行创业知识培训，鼓励学生把自己的所学所思运用到创业活动中去。

不仅如此，在学校统一指导下，学校相关部门与社会相关企业建立创业实践基地，学生就可以将在创业计划竞赛、大学生课外科技作品竞赛等各种竞赛中的作品和创意应用到创业实践中去，从而提高理论与实践结合的主动意识，增强学生创业的积极性。

第三节 网络建设中的思想政治教育

现代网络环境的迅速形成与发展，为学校思想政治工作网络化的开拓与创新提供了条件。大学生思想政治教育工作者要对各方面的力量进行整合，深入开展研究学校网络思想教育，不断创新大学生思想政治教育工作的方式和途径。

一、现代网络的特征

（一）虚拟性

网络的虚拟性就是把人的实践活动转移到以网络为基础的虚拟空间。网络是用户交流信息的一个虚拟空间，在这个虚拟空间里，人的网络行为其实也是虚拟的，只不过是由于技术的原因，让人感觉身临其境。而且人们往往按自己的喜好来设计自己在网络中的形象、语言,其身份通常是不真实的。

(二) 创新性

创新是网络的生命力所在,创新性成就了网络的现在。网络的创新性源自于网络的平等、开放与自由。网络巨大的潜力给每个国家、每个组织、每个个人提供了全新的机会。加上网络本身充满着无数不确定因素,充满着无限的可能性,因而,在竞争激烈的网络世界,每个国家、每个组织、每个人在网络方面都可能成功,也都可能失败,关键在于有没有创新性。

(三) 平等性

平等性主要是指网络用户之间的关系是平等的,每个用户既是信息的接受者,也是信息的传递者。在网络世界中,不受地域和国界的限制,信息在网络中可以自由传播,到达世界上任何一个联网的终端。

在网络中,无论是谁,无论任何思想、言论、话题都有一个表达的地方。和其他的交流手段相比较,在网络中,信息的交流受到的束缚和影响比较小。

在网络中,人们是平等的,没有身份、地位的约束,只要有上网设备,就可以在网络中获取你想要的信息。可以说,在网络中,实现了用户人人平等。

二、学校网络思想政治教育的特征

(一) 教育信息具有共享性

网络思想政治教育信息的共享性是由网络的开放性决定的。网络使用的是一种网状的互联式结构,其信息交流方式采用的是全通道型。这种交流方式可以保证网上的每一个节点都可以通过多种路径与另一个节点联系起来,并且所有的节点又都可以无限制地向外扩充,这样就可以呈现出一种点点都是中心,而又没有一个绝对的中心的网络结构。网络的这种无限拓展特性使网络思想政治教育信息具有无限的开放性。这里的开放性主要就是指学校网络思想政治教育内容、方法、手段、主客体相互关系、教育资料、教育时空和教育思维训练的共享。

(二) 教育环境具有开放性

社会主义的本质以及网络所具有的开放性,使得网络思想政治教育环境具有了强大的包容性。创新被充分提倡,只要是符合社会主义本质、有助于社会主义现代化建设的思想都成为网络思想政治教育内容的一部分。学生不仅可以在课堂教学中获得思想政治教育,并且在课后以及生活中的时时处处都可以利用网络获取自己需要的信息,学校加强校园网络及相关硬件设施建设,这些行为都拓展了大学生思想政治教育的途径,提高了学校网络思想政治教育的活跃性。

（三）教育主体具有平等性

网络思想政治教育主体的平等性可以从两个方面体现出来。

1. 主体地位的平等

网络交往具有一定的隐蔽性，这就消解了传统人际中所存在的"社会的樊篱"，教育者与受教育者无论是身份、年龄，还是性别等因素都将不会成为交流的障碍。在网络空间里没有权威，没有明星，没有富翁，没有乞丐，一句话，没有高低、长幼、贵贱之分，每个人的地位都是平等的。

2. 主客体的不确定性

在互联网迅速发展的情况下，传统的金字塔式的知识等级结构已经土崩瓦解。在互联网上，成年人的反应往往比青少年迟钝，一些教师不能够熟练地使用计算机，因而堵塞了通过互联网获取知识与信息的渠道。相反，青少年在网上却轻车熟路，来去自如，通过互联网获取大量的知识和信息。很多时候，青少年反而成了成年人的电脑启蒙者。

三、学校网络思想政治教育的原则

在网络思想政治教育中，要遵循以下几个原则。

（一）主体性原则

主体性原则是当前教育者和受教育者新型的主客体关系在网络思想政治教育中的反映。在新型主客体关系中，教育者是主动施教的主体，受教育者是受教的主动主体，在教育活动中，教育者主要起到辅助、服务的作用，受教育者主动构建自我教育。在网络思想政治教育中，必须坚持主体性原则，尊重大学生主体性的发展特点，提升大学生的主体意识，满足大学生成长成才的教育目标。

（二）渗透性原则

网络思想政治教育的渗透性原则主要是和当代大学生的特点相关的。市场经济、经济全球化发展，科学技术的进步，网络文化、大众文化、政治民主等的刺激使得当前的大学生的自主意识、参与意识、平等意识与之前相比都有了一个相当大的进步和发展，这使得网络思想政治教育必须把渗透性原则放在重要的位置。[①]

贯彻渗透性原则可以从以下两个方面入手。

第一，在网络思想政治教育中要注重价值观念的渗透。网络信息是一个海洋，

---

① 秦大伟，朱平，郑小丽. 思想政治教育与职业素养 [M]. 北京：研究出版社，2019.

在这之中，要教会大学生明辨是非，选择自己正确的立场和原则，形成自己的观点，帮助大学生树立正确的价值观。

第二，要注重教育理念在校园网络文化中的渗透。

（三）实践性原则

实践是人的活动的本质之一，也是思想政治教育的本质特性之一，网络思想政治教育坚持实践性原则就是把大学生思想政治教育以网络实践为立足点，针对在学校网络思想政治教育实践中出现的问题不断进行深入研究和创新。实践性原则要求思想政治教育工作者要不断学习，提高自身的综合素质，在网络实践中提高思想政治教育的有效性。

四、学校网络思想政治教育中存在的问题

当前，从网络平台的建设、管理和发挥作用的情况看，大学生思想政治教育中存在着以下几个方面的问题。

（一）网络信息技术手段有待提高

大学生正处于生理的特殊时期，刚刚步入成年，无论是在生理还是心理上都不够成熟，是培养正确的世界观、人生观、价值观的重要阶段。当代大学生被称为"网络一代"，通过网络，他们能够更加自主地进行社会观察，能够自由地表达自己的思想和观点。他们的思辨性强，对于理论观点，往往具有较强的批判性，因此需要更多的交流、沟通甚至是辩论，但是学校网络思想政治教育类网站平台突出了较强的政治理论性，在形式上往中规中矩，你说我听，缺乏互动交流。

（二）大学生对思想政治教育网站关注度低

目前，大学生应用网络的时间、范围和程度都有了日新月异的变化，学校思想政治教育网络平台成为重要的教育阵地。学校网络思想政治教育网站以马列主义、毛泽东思想、邓小平理论为指导，以积极发展、充分运用、加强管理、趋利避害为工作方针，大力传播和弘扬科学理论、先进文化及健康信息，不断健全和完善"教书育人、管理育人、服务育人"体系。

但是，面对信息社会的严峻挑战，有的教育网站内容空泛，采用单纯的图片、理论文章作为网站主体，虽然内容较直观，但往往重说教轻引导，让人感觉枯燥无味，缺乏对大学生的吸引力，点击率不高，进而使得网络教育缺乏针对性和有效性。

（三）缺少具有引导功能的管理人员

在网络平台发展初期，网站设置栏目少，基本以信息资源展示为主，信息发

布成为主要功能，因此，大多数学校并未配置专门的工作人员，一般由党委宣传部、团委的教师开展相关的工作。但是，随着信息技术的不断进步，学校网络思想政治教育网络平台建设、管理和维护对管理人员的理论水平、知识技能提出了更高的要求，无论是管理人员数量还是素质都亟待提高。

五、学校网络思想政治教育的完善

（一）加强学校网络道德教育

1.使大学生网民学会选择信息，提高大学生的道德判断力

传统的道德教育在本质上是一种"教会顺从"的教育，受教育者要无条件地吸纳和认同既定的道德价值、道德规范和道德理想，因而，也谈不上对大学生进行选择、判断与辨别能力的培养。但是，随着网络社会的到来，过去那种信息匮乏的时代一去不复返了，青年大学生一下子有了很多的选择的机会和可能性，这本身是一件好事，但选择的时代无疑需要一定的选择能力。

（1）重在培养学生的选择能力。青年大学生的世界观、人生观、价值观尚未成熟，抵御力较差。在面对着网络上海量的信息时，一些学生会产生选择困难症，因此，培养学生的选择能力具有重要的意义。复杂多样的网络信息对学生来说利弊兼备，虽然为学生提供了全面的公开信息，满足了学生对信息的需求，同时，浩瀚的信息海洋又增加了学生的选择困难和信息压力。

（2）培养网德，促使大学生养成良好的网络行为习惯。在加强网络道德教育中，其重点是要注重培养大学生的网络道德品质，或称为网络德行，形成良好的上网习惯。

2.提升大学生网民主体的道德自律，强化网络道德责任意识

网络道德建设的关键是网民自身道德素养的提高。网络上的信息多种多样，好坏共存，令人难以分辨，网络思想政治教育对象尤其是青少年，他们的思想、观点很容易受到不良信息的影响，从而对学生产生严重的负面影响。因此，要不断加强对网络道德的宣传和教育，引导网民树立正确的网络伦理道德观念，提高网民对不良网络信息的识别力和免疫力，净化网络环境。

学校网络思想政治工作者要教育网络受众注重"慎独"，在网络受众中形成以下三种意识：第一，"慎独"是"为己"，即做到慎独不是为了他人的评论，而是为了自己内心的安定；第二，"慎独"之时，既要重视"大过"，也要重视"小节"，养成"勿以恶小而为之，勿以善小而不为"的道德认知；第三，"慎独"要注意"克己"。

（二）以社会主义核心价值体系引领学校网络思想政治教育建设

1.遵循主流文化发展大方向

校园网络基地建设首要的一条就是要坚持正确的政治方向。学校网络教育基地在建设中必须以社会主义核心价值观理论为基础。需要做好以下两点。

第一，要把好资料来源这一关，对搜集的资料进行严格审核，将不符合核心价值体系的内容予以坚决抵制。

第二，要把好舆论这一关，营造核心价值体系教育的浓烈的氛围，使其对学生发挥潜移默化的影响，使学生在思想上接受核心价值体系并且逐渐内化为自我价值取向。

2.提高大学生思想政治教育网站的吸引力

为适应大学生思想政治教育的新形势，网络平台建设首先要在内容和形式上下功夫，使网络思想政治教育的内容更加具有实用性，提高教育工作的吸引力和感染力，满足学生需求的变化，实现学校大学生的全面发展。核心价值体系教育网站建设要做到以下三点。

第一，要充分认识网络平台在思想政治教育中的作用，明确教育目标。

第二，网络平台的教育内容要在马克思主义指导下，充分反映中国特色社会主义理论成果，结合学校实际，体现时代精神和创新精神，弘扬社会主义荣辱观。

第三，应恰当选择网络平台的教育方式，并使其具有针对性、多样性和灵活性，网络平台要设置范围更广、涉猎更深的栏目，符合学生需要，能够解疑释惑。

（三）加快网络法制进程，建设有序的网络教育环境

随着互联网技术的迅速发展，其对人们生活的影响也日益加深，被誉为网络信息时代的虚拟社会。在这个虚拟世界中，信息含量巨大，不仅存在着对人们的生活、工作、学习都有帮助的信息，同时不可避免地还存在着一些落后的、负面的信息。这些垃圾信息的存在会对人们的思想和生活产生严重的影响。

因此，加强对互联网使用的监管和立法势在必行。要不断完善网络方面所涉及的法律制度，推进网络法制进程，通过法律的强制力来对人们的网络行为进行约束，剔除网络环境中信息垃圾，净化网络环境。为了优化网络教育环境，实现网络思想政治教育的可持续发展，国家有关部门应该提高执法能力，加大执法力度，推进网络法制进程，净化网络空间，建设有序的网络教育环境。

（四）推进网络思想政治教育工作团队建设

人力资源是当代网络思想政治教育模式中的主体性资源。在我国网络思想政治教育团队中，学校的教育团队是一大亮点。

参与大学生思想政治教育工作的人员都应当受到应有的重视，在尊重学生客

观需求的基础上组建高效率的教师和管理团队，通过开展学校内部以及学校之间的活动，广泛实施学校网络思想政治教育。肯定人，重视人，充分为师生提供发挥才能的广阔平台，合理利用校园网络，促进大学生综合素养的根本性提升。

党组织是学校网络思想政治教育模式中的核心力量。在学生群体中不断发展和培养入党积极分子，发挥学生党员的带头示范作用，积极展开学习讨论，对使用互联网过程中学生群体存在的各种问题做到及时跟进，有效解决。用马列主义、毛泽东思想、邓小平理论、"三个代表"重要思想、科学发展观武装头脑，对网络上的不良信息产生抵抗力，坚持以科学发展观为指导，使学校网络思想政治教育始终朝着正确的目标迈进。

各院系辅导员是大学生思想政治教育队伍的重要组成部分。无论在课堂教学中，还是在学生日常学习生活中，辅导员都起着重要的引导作用。他们除了在专业领域教授课程外，还要关注学生日常生活，配合任课教师高效率完成专业课以及思想政治教育方面的教学目标。

（五）提高学校网络思想政治工作的安全防范能力

互联网上这种宏观的大环境是指整个网络世界，具体就是指计算机网络技术平台所构建的整个网络信息体系。这是学校网络思想政治教育的不可控部分。因此首先就要提高警惕性，加强网络防御能力。通过不断提高信息科学和网络技术的理论知识和方法，建立健全互联网信息内容安全管理机构，配备必要的技术人员，采取技术措施，增强屏蔽能力，提高对有害电子邮件等各种有害信息的检测、监控和封堵能力。网络宏观环境的不可控性，要求我们必须在教育实践中要熟练驾驭网络技术，成为网络信息传播和网络群体发展中的主导者，使网络成为实现学校学生健康成长的积极因素，这是当前网络思想政治教育工作中所面临的一个重要问题。

第四节 职业生涯指导中的思想政治教育

每个大学生都要面对择业、就业甚至创业问题。大学生在择业就业过程中，对待就业、择业、创业的态度，即他们的择业观、就业观和创业观，是他们人生观和价值观的体现。加强大学生就业指导和职业生涯教育，培养正确的择业观、就业观、创业观，既是大学生顺利择业、就业的需要，也是大学生学习提高的过程。

一、帮助学生树立正确的择业、就业和创业思想

职业的含义，按照中国人的理解，"职"有"社会责任""权利与义务"的含义，"业"则是以某种特殊的技能"从事某种业务""完成某种事业"。在《新华词典》中将其定义为"个人在社会中从事的能取得一定的经济收入，作为主要生活来源的工作"。美国学者舒尔茨（Schultz）将职业理解为一个为了不断取得个人收入而连续从事的、具有市场价值的、能体现其社会地位的特殊活动。职业生涯则是指一个人一生中职业、社会与人际关系的总和，一个人的职业生涯是一个人所有职位的整体历程。

就业是指获得一份工作。我们通常说的大学生就业，主要是指大学生毕业前夕寻找一份职业的整个过程。在就业过程中，必然要选择适合自己的职业，这就是择业。择业过程既可发生在从事职业过程之前，也可发生在就业过程之中，也就是说，在开始从事某一职业之前，大学生需要择业；在从事职业之后，也可以重新择业。

加强对大学生就业指导和职业教育，首要的是帮助大学生树立正确的择业观、就业观、创业观。马克思曾经专门就青年就业择业问题进行了论述。他指出，青年在选择自己的职业时首先应认真考虑到感情、幻想、各种欲念、社会关系、自身体质和工作能力等各个方面，把择业行为建立在"正确的思想"和"最深刻的信念"之上，不要"被感情欺骗，受幻想蒙蔽"，为虚荣心和名利等各种欲念所迷惑而丧失理智。其次，还应考虑到自己在社会上的关系、自身的体质和能力。如果我们选择了力不胜任的职业，那么我们决不能把它做好，我们很快就会自愧无能，感到比外界指责更为可怕的痛苦。最后，马克思强调指出，青年选择职业时应考虑社会利益的原则，"在选择职业时，我们应该遵循的主要指针是人类的幸福和我们自身的完美"。"人们只有为同时代人的完美、为他们的幸福而工作，才能使自己也达到完美"[①]。由此可见，马克思为青年选择职业提出了正确的思想，对我们今天进行大学生就业教育仍然具有重要的指导意义。

大学生在树立择业观、就业观和创业观时，应该注意处理好几个方面的关系。

1. 职业理想与社会现实相结合

大学生的职业理想应建立在社会现实基础上，与社会现实完全脱节的职业理想只能是空想。目前，我国仍然处于社会主义初级阶段，生产力不发达，而且发展不平衡，不同地区、不同行业、不同社会群体之间的经济发展、经济收入存在

---

① 马克思，恩格斯. 马克思恩格斯全集：第四十卷[M]. 北京：人民出版社，1982.

差距。

一方面，大城市和沿海地区经济发达，但是人才济济，竞争激烈；另一方面，广大农村、中小城镇、边远地区和西部等地区经济落后，急需人才。这就是目前我国大学毕业生面临的就业现实。大学生应该根据社会现实，正确定位自己的职业取向，将自己的职业理想与人才现实需求相结合，将个人需要与国家需要相结合，服从社会需要，实现自己的人生价值。

2.发挥特长与自我满足相统一

大学生在择业就业过程中，一方面，要考虑自己的特长，发挥自己的专业技能；另一方面，也要考虑自己的各种需要，尤其是经济收入、职业发展乃至今后成家立业等实际问题。如果只是为了追求经济收入而不顾主客观条件，甚至放弃自己的特长和专业而盲目择业，其结果不仅特长得不到充分发挥，很难有成就感，甚至使自己陷入痛苦；同时也给用人单位造成损失，对国家而言则是人才浪费。当然，如果择业就业时完全不考虑自己今后的实际问题，也会影响工作。所以，大学生应该正确处理好发挥专业技能与满足自己实际需要两者之间的关系。

3.张扬个性与遵守共性相协调

在择业、就业和创业的时候，大学生应该尽量发挥自己的主体性，根据自己的实际情况，在就业地点、从事职位、是否创业等方面，要有自己的主张，不要攀比或盲从。比如说，有些学生的性格、能力明显不适合做公务员，但还是加入公务员考试大潮中去；有的学生回到西部家乡更利于今后的发展，却一定要留在沿海或发达城市，做一份自己不喜欢做的工作，这些就是盲从的表现。不过，我们强调大学生在张扬个性的同时，又强调必须遵守共性。所谓共性，其实就是指大学生在择业就业时必须遵守的伦理道德、社会规范、社会习俗等。不能在择业、就业和创业时不择手段，违背法规与道德规范。

4.个人发展与社会发展相一致

大学生择业就业必须符合社会需要，大学生的个人发展必须与社会发展相一致。社会需要、他人需要，是一个人实现自我价值的基础。从这个意义上讲，越是社会需要的地方，就越能发挥个人的聪明才智，越容易实现人生的价值。

因此，当个人需要与社会需要发生矛盾时，要善于寻找个人与社会需要的结合点。当前，大学生支援西部、到西部就业、到基层就业，是我国社会的需要，也能够使大学生施展才华，要将自己的发展与社会发展、自己的需要与社会需要结合起来、统一协调起来。

二、引导学生正确对待和处理就业压力

心理压力是当外界要求超过个体能力或在个体付出努力的情况下仍然难以应

付时产生的生理、心理反应。大学生就业心理压力是指大学生在面临就业问题时产生的难以适应的生理、心理反应。产生心理压力的原因，无外乎两个方面：一是客观上就业形势严峻，大学毕业生逐年增加，就业压力逐年增大；二是大学生自身就业期望值过高，而自身实际能力受限，不能在就业竞争中处于有利地位。

大学生就业心理压力并不是完全没有积极作用。按照心理学的叶克斯-多德森定律，当学习比较容易的课题时，行为效率会因动机强度的增强而提高；当学习比较困难的课题时，行为效率会因动机的增强而下降，在一定的范围内，动机增强有利于行为效率的提高，特别是在学习力所能及的课题时，其效率提高更为明显。

因此，适当的就业压力对于大学生而言是必要的，具有积极作用，一定的就业压力可以转变为学习、自我教育的动力。但是，就业心理压力也容易产生紧张、焦虑、抑郁等不良情绪，进而影响身心健康甚至出现心理疾病。当然，从大学生整体来看，就业心理压力的积极作用大于消极作用，但是就某些个体看，可能消极作用大于积极作用，比如，有的大学生在就业心理压力下，常表现为焦虑、恐惧、自负、抑郁等不良心理，具体而言，有如下几种情况。

（1）焦虑。产生失败感和消极情绪，希望谋求到理想职业，又担心被拒绝，担心择业失误造成终身遗憾，进而导致心理应激水平高，心理冲突增大，造成精神上紧张不安，心神不宁，忧心忡忡，烦躁不安，意志消沉，反应迟钝，手忙脚乱等。

（2）恐惧。不能正视就业形势，尤其是遇到失败时，感到失望，产生心理恐慌，甚至一蹶不振，自暴自弃，逃避，有的甚至产生就业恐惧症。

（3）自负。对自己估计过高，自认为高人一等，自我欣赏，在择业过程中好高骛远，看不上这个单位，瞧不起那个单位，甚至产生英雄无用武之地的感叹，一旦真没有如愿，则会立即情绪低落，进而产生失落、孤独、烦躁、抑郁等情绪。

（4）抑郁。受到挫折时，失去信心，失落、抑郁、不思进取、情绪低落、意志消沉，常常放弃努力，听天由命，严重时还会对外界漠然，不愿与人交往，进而引发抑郁症状。

（5）嫉妒。因为自己失败而愤世嫉俗，产生对学校社会的不满和埋怨情绪，有的甚至把自己的不成功归结于同寝室或同班同学，并热衷于说风凉话，贬抑、挖苦、造谣、中伤、打击别人，更有甚者，抓住同学的某些不足或失误向用人单位打小报告，弄得两败俱伤，个别毕业生甚至发展到行凶、闹事等严重地步。

引导大学生正确对待和处理就业心理压力，主要有如下几种方法。

1.要引导大学生具有大众化的就业观念

从精英教育到大众化教育的转变，不仅是一种教育形式的转变，更是一种观念的转变，高等教育大众化发展，就有高校学生大众化就业。在科学技术快速发展，专业人才成批涌现的情况下，需要树立新的职业观念，大学生不再像过去那样是少之又少的"精英"，大多被"安排"在大中城市、国家重点部门、重点企业等单位，而是需要自己设计职业生涯，形成开放的职业观念，到农村去，到基层去，到社区去，到西部边远地区，自主创业。

2.要引导大学生正确对待挫折，自我调适不良情绪

人生之中充满各种挫折，没有经历过挫折的人难以成大器。古人云："故天将降大任于斯人也，必先苦其心志，劳其筋骨，饿其体肤，空乏其身，行拂其乱所为，所以动心忍性，增益其所不能。"问题不在于有没有挫折，而在于如何对待挫折。要把挫折当作锻炼意志的机会。一个立志成才的大学生要善于从困难、挫折、逆境中吸取经验教训，善于从失败中寻找成功的智慧。

3.要帮助大学生树立自信，培养竞争意识和风险意识

可以通过平时举行毕业生模拟招聘、模拟面试、简历比赛等活动，让大学生预先进入求职角色，增强自信心，培养竞争意识，也提高学生的求职心理承受力。

4.要教育学生掌握自我调适的方法

如自我转移法、适度宣泄法、降低感受度、自我慰藉和松弛练习、广交朋友法等，实践证明，这些方法对缓解大学生心理压力，具有一定效果。而对于心理问题比较严重的学生，则要及时进行心理咨询和危机干预；对于更严重的心理障碍者，必须进行治疗。

第五节 日常管理中的思想政治教育

大学生思想政治教育离不开日常管理，教育与管理应相结合。既要坚持管理育人，把思想政治教育与大学生日常的学习生活管理结合起来，用学校的规章制度和管理规范来引导、约束学生的行为；又要把学校的思想政治工作制度化，使思想政治教育得到制度的规范、保障和支持。这样，才能把解决学生的思想认识问题和行为养成问题、解决学生的思想问题与解决学生的实际问题结合起来。

一、解决学生实际问题过程中的思想政治教育

大学生有许多实际问题。比如，一些家庭贫困的学生存在着经济问题；有些学生学习基础差，存在着学习困难问题；有的学生存在着适应环境方面的困难；有的学生与同学之间的人际关系紧张或个人情感出现问题；有的学生在就业时存

在困难；还有学生存在心理障碍，等等。这些都是大学生存在的实际问题。思想政治教育，一定要将大学生的思想问题与实际问题结合起来解决，只有这样，才能满足学生需要，把教育做到实处。

既要解决大学生的思想问题，又要解决大学生的实际问题，将解决思想问题与解决实际问题结合起来，这不仅是思想政治教育以人为本的直接体现，而且是思想政治教育针对性与实效性的要求，是党的思想政治工作的传统。毛泽东说过，要关心群众生活，注意工作方法，不要以为群众的柴米油盐是小事而不关心。邓小平也说过，如果只讲空话，思想政治工作必然软弱无力。只有关心群众，才能更好地教育群众和引导群众。

之所以要把解决思想问题与解决实际问题结合起来，原因有如下几点。

1.大学生的许多思想问题往往来自实际问题

学生的实际问题没有解决好，容易转变成为思想问题。比如，一些高校的饮食不卫生、饭菜质量差，住宿条件不好，体育设施老化且严重不足，图书资料缺乏，校园周边环境差等，都容易引起学生思想上有想法，情绪上有牢骚，滋生对学校和社会的不满，从而转化为思想问题。

2.解决实际问题能为解决思想问题提供条件

事实是具有说服力的。随着实际问题的解决，学生面对实实在在的客观事实，心情就会变得舒畅，态度就可能转变，对教育者的意见和建议就更容易接受。这样，教育者就有亲和力和说服力，被教育者就有接受力和承受力，学生的种种思想问题也就容易迎刃而解。

3.解决思想问题，最终目的还是要解决实际问题

脱离实际问题而谈思想问题，往陷于空谈，学生不但难以接受，反而反感，使得学生与教育者拉开距离，增大隔膜，甚至有损思想政治教育形象。

诚然，我们在解决学生的实际问题时，也不要只限于解决一两个具体问题，以解决问题而替代思想教育，更不能为了讨好学生一味地迎合学生需要，甚至置原则于不顾，回避教育。有时对于一些严重的思想问题，是需要耐心细致地进行思想教育的，是需要严肃批评的，否则，错误思想无法克服，错误行为无法制止。比如，对于一些贫困大学生，我们需要给予经济上的资助，解决他们的实际困难。目前高校设立许多勤工俭学岗位，正是解决这些实际问题的举措。但是，极少数贫困生为了能够获得更多的劳动报酬，有时采取弄虚作假的手法，多报工作时间，骗取勤工俭学费用；还有一些贫困生获得别人的资助后，不是用在学习和必要的生活上，而是住酒店，买奢侈品，对捐赠人没有丝毫感激之情。面对这些错误行为，就不能采取姑息的态度。

总之，要把解决实际问题与思想教育结合起来，解决实际问题既是做好思想

教育的目的，也是做好思想教育的途径；解决思想问题，为解决实际问题奠定思想基础，并实现对现实认识水平的超越。如果只限于解决实际问题，而没有解决思想问题，类似的问题还会出现，小的思想问题可能还会累积成为大的思想问题。

二、做好深入细致的个别工作

思想政治教育既要面向全体学生，准确把握一些普遍性的问题、热点和焦点问题，做好群体思想工作，又要注意处理好一些个别的、特殊的、突发的思想问题或学生事件，做到点面结合。只有这样，才能将学生思想政治教育做得既深入，又全面，既有面的带动，又有点的突破。

个别工作主要是针对一些"特殊"学生而言，比如，一些经济贫困学生、学习成绩差的学生、受情感困扰的学生、违纪学生、心理问题学生、就业困难学生等，或者针对一些突发事件。当然，个别工作也包括一些优秀学生的骄傲自满问题，以及一些先进学生的进一步引导帮助问题等。做好个别工作，既有利于全局的稳定与顺利发展，也有利于工作深化、突破，积累经验，推动全局发展。因而，要把一般教育与个别教育结合起来。

做个别工作时应遵循以下原则。

（1）要以人为本，从关心、爱护的前提出发，真心帮助学生，设身处地为学生着想，实实在在地解决他们的实际问题，耐心细致地解决他们的思想问题。不要歧视他们，也不要刺激他们，既要严格要求，又要讲究方法，尊重学生人格，平等对待每位学生。

（2）要因地制宜，因人而异，根据实际情况，采取切实有效的教育方法和帮助手段，增强针对性，提高实效性。既然是个别工作，那么就需要用个别工作方法，如个别谈心、讨论、咨询等。

（3）要注意保护学生隐私。为了做好个别工作，辅导员需要同学生进行深入的思想交流和心灵对话，此时学生可能将自己的内心深处的真实思想、内在观念甚至个人隐私信息都全部倾吐出来，老师应该为学生保守秘密，尊重学生隐私。

（4）要注意个别指导与一般号召相结合。按照学生需要共同遵循的准则，提出教育与管理要求是必要的。同时要加强个别辅导，做好个别工作，不仅有利于满足不同学生的特殊需要，而且对其他学生也具有启示、警示作用。

第五章　大学生职业素养及其与思想政治教育的融合

坚持立德树人，培养中国特色社会主义接班人是大学思想政治教育的重要任务。职业素养教育主要包括职业能力、创新能力、职业精神、职业道德等方面内容。实现思想政治教育与职业素养教育融合，能促进人的全面发展，实现理想信念教育、道德品质、职业能力培养、创新精神培养等方面的融合，对全面贯彻党的教育方针，提高人才培养质量有十分重要意义。

第一节　职业素养内涵

一、职业素养的内涵

（一）职业素养的定义

在职场中，有的人有工作的激情，有的人虽经历丰富、专业能力强，但求职不顺；有的人总是得不到提升，也得不到高薪；有的人做事总得不到老板赞扬；有的人工作很多年，却还是找不到前进的方向；有的人对工作总是没有成就感，从而厌倦工作；有的人总是缺少职业竞争力；有的人总是陷入人际关系的危机中；有的人频繁跳槽，可就是找不到职业感觉。上述种种现象，在职场中经常出现，这到底是什么原因呢？

其实，原因很多，如果用一个词来概括的话，那就是因为"职业素养"的不同。《一生成就看职商》的作者吴甘霖回首自己从职场惨败者到走上成功之路的过程，再总结比尔·盖茨、李嘉诚、牛根生等成功人士的人生经验，并进一步分析所看到的众多职场人士的成功与失败，得到了一个宝贵的理念。一个人，能力和专业知识固然重要，但是，在职场要想获得成功，关键的并不在于他的能力与专业知识，而在于他所具有的职业素养。即一个人在职场中能否成功取决于其"职商"。工作中需要知识，但更需要智慧，而最终起到关键作用的却是素养。

职业素养是指职业内在的规范和要求，是在职业过程中表现出来的综合品质，包含职业道德、职业技能、职业行为、职业作风和职业意识等方面。简而言之，职业素养是职业人在所从事的职业中尽自己最大的能力把工作做好的素质和能力，它不是以这件事做了会对个人带来什么利益或造成什么影响为衡量的标准，而是以这件事与工作目标的关系为衡量的标准。更多时候，良好的职业素养应该是衡量一个职业人成熟度的重要指标。[①]

一般来说，一个人能否顺利就业并取得成就，在很大程度上取决于其职业素养的高低。职业素养越高的人，获得成功的机会就越多。从大学生的角度来看，职业素养是实现就业并胜任工作岗位的基本前提，是职场制胜、事业成功的第一法宝；从用人单位的角度来看，职业素养是选聘人才首要考虑的因素。

影响和制约大学生职业素养的因素很多，主要包括：受教育程度、实践经验、社会环境、工作经历以及自身的一些基本情况（如身体状况等）。大学生职业素养是个很宽泛的概念，专业是第一位的，但是除了专业，敬业和道德是必备的，体现在职场上的就是大学生职业素养，体现在生活中的就是个人素养或者道德修养。

（二）职业素养的特征

职业素养具有以下五个特征：

1.职业性

不同的职业，其职业素养要求不同。对建筑工人的素养要求，不同于对护士职业的素养要求；对商业服务人员的素养要求，不同于对教师职业的素养要求。

2.稳定性

一个人的职业素养是在长期执业过程中日积月累形成的。它一旦形成，便产生相对的稳定性。比如，一位教师，经过三年五载的教学生涯，就逐渐形成了怎样备课、怎样讲课、怎样热爱自己的学生、怎样为人师表等一系列教师职业素养、于是，便保持相对的稳定性。当然，随着他继续学习、工作和环境的影响，这种素养还可继续提高。

3.内在性

从业人员在长期的职业活动中，经过自我反省、学习和亲身体验，认识到怎样做是对的、怎样做是不对的。这样，有意识地内化、积淀和升华的这一心理品质，就是职业素养的内在性。

---

① 郭世德. 思想政治教育与职业素养[M]. 北京：经济日报出版社，2018.

4. 整体性

从业人员职业素养的好坏是和他整体的素养有关的。比如说某某同志职业素养好，不仅指他的思想政治素养、职业道德素养，而且还包括他的科学文化素养、专业技能素养，甚至还包括身体、心理素养。一个从业人员，虽然思想道德素养好，但科学文化素养、专业技能素养差，就不能说这个人整体素养好；反之亦然，一个从业人员科学文化素养、专业技能素养都不错，但思想道德素养比较差，同样，也不能说这个人整体素养好。所以，职业素养的一个很重要的特点就是整体性。

5. 发展性

一个人的素养是通过教育、社会实践和社会影响逐步形成的，它具有相对性和稳定性。但是，随着社会发展不断对人们提出的要求，人们为了更好地适应、满足社会发展的需要，总是不断地提高自己的素养，所以，素养具有发展性。

二、职业素养的分类

职业素养可分成两大类：显性职业素养，如文化知识、专业基础、专业技能、创新能力；隐性职业素养，如职业道德、职业理想、职业意识等。

"素质冰山"理论认为，个体的素质就像水中漂浮的一座冰山，水上部分的知识、技能仅仅代表表层的特征，不能区分绩效优劣；水下部分的动机、特质、态度、责任心才是决定人的行为的关键因素，能够鉴别绩效优秀者和一般者。"素质冰山"理论示意图如图5-1所示。

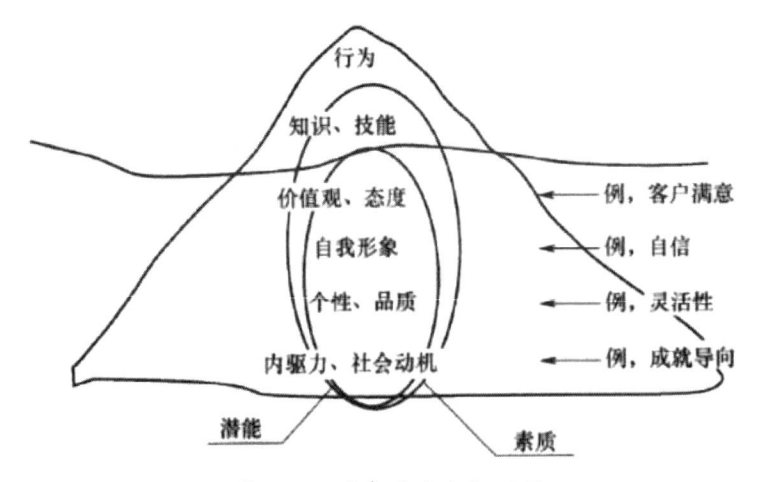

图5-1 "素质冰山"理论

大学生的职业素养可以被看成是一座冰山：冰山浮在水面以上的只有1/8，它代表大学生的形象、资质、知识、职业行为和职业技能等方面，是人们看得见的、显性的职业素养，这些可以通过各种学历证书、职业证书来证明，或者通过专业考试来验证。而冰山隐藏在水面以下占整体7/8的部分，则代表大学生的职业意识、职业道德、职业作风和职业态度等方面，是人们看不见的、隐性的职业素养。显性职业素养和隐性职业素养共同构成了大学生所应具备的全部职业素养。

由此可见，大部分的职业素养是人们看不见的，但正是这7/8的隐性职业素养决定、支撑着外在的显性职业素养。因此，大学生职业素养的培养应该着眼于整座"冰山"，并以培养显性职业素养为基础、培养隐性职业素养为重点。

大部分企业和个人都非常重视显性职业素养培训，诸如职业技能培训等，好像这些培训的效果能够立竿见影地凸显出来。他们往往忽视了隐性职业素养的培训，忽视职业意识、职业道德和职业态度方面的培训，因此也就很难从根本上提升企业和个人的核心竞争力。全方位职业素养培养就是要"破冰"，要将大学生头脑中潜藏的意识和态度挖掘出来，将"冰山"水面上和水面下的部分完全协同起来，更大程度地发挥7/8水下部分的核心作用。只有重视大学生隐性职业素养的培训，才能够最大限度地提高大学生显性素养培养的效果。

三、核心职业素养的要素

核心职业素养是完成职业活动以及谋求职业持续发展的关键知识、能力和态度的集合。我们将从核心职业思想素养、核心职业知识素养、核心职业心理素养和核心职业能力素养四个方面探讨大学生职业素养的核心要素，如表5-1所示。

表5-1 大学生核心职业素养要素构成

核心职业思想素养	核心职业思想素养	核心职业心理素养	核心职业能力素养
职业理想	专业知识	进取心	沟通协作能力
谦虚务实	专业技能	环境适应能力	自我学习能力
吃苦耐劳	管理知识	抗压耐挫能力	实践执行能力
责任心	法律知识	恒心毅力	组织协调能力
忠诚度	礼仪知识		创新创造能力

（一）核心职业思想素养

1.职业理想

职业理想是人们在职业上依据社会要求和个人条件，借想象而确立的奋斗目标，即个人渴望达到的职业境界。它是人们实现个人生活理想、道德理想和社会理想的手段，并受社会理想的制约。职业理想是人们对职业活动和职业成就的超前反映，不仅与人的价值观、职业期待、职业目标密切相关，还与人的世界观、人生观密切相关。

职业生涯规划对所有职场中的人来说都很重要，对于刚刚步入社会的年轻人，将对其一生的成就产生重大影响。江文雄先生认为"生涯要规划，更要经营，起点是自己，终点也是自己，没有人能代劳"。调查中有用人单位反映，部分学生自主择业的意识不强，在自身的生涯设计、生涯发展方面存在"等、靠、要"的思想，缺乏主动探索的意识和深入思考的精神。掌握一定的生涯规划知识能使大学生及早了解当前的就业形势，正确认识自我，合理定位，并为职业生涯的发展制定可行的目标。

2.谦虚务实

越来越多的用人单位反映，许多新入职的大学生存在眼高手低、好高骛远的浮躁心态。谦虚务实是一个从业者对待职业最基本的情感和态度。在一项大学生就业调查中，有些公司的人力资源部介绍，脚踏实地是他们招聘的重要条件之一。

3.吃苦耐劳

部分学生缺乏经验，却不肯用心学习，吃不了苦。吃苦耐劳也是一个从业者对待职业最基本的情感和态度。在一项大学生就业调查中，有些公司的人力资源部介绍，吃苦耐劳也是他们招聘的重要条件之一。

4.责任心

责任心也是大学生应该具备的职业素养。每个人的岗位不尽相同，所负责任有大小之别，但要把工作做得尽善尽美、精益求精，却离不开一个共同的因素，那就是强烈的事业心和责任感。

对于职业生涯刚刚开始的大学生来讲，只有保持满腔的热忱和积极进取的心态，才能为自己梦想的航船建造一个精神的港湾。责任心就是在工作中要将自己作为公司的一部分，不管做什么工作，一定要做到最好，发挥出实力，对于一些细小的错误，一定要及时地改正。责任心不仅仅是吃苦耐劳，更重要的是"用心"去做好公司分配的每一项任务。态度是职业素养的核心，好的态度比如负责的、积极的、自信的、建设性的、欣赏的、乐于助人的态度是决定成败的关键因素。

5.忠诚度

调查中，很多用人单位还提及，对企业的忠诚度也是职业核心素养之一。一位通信企业的老总说："我们接触到的一些大学毕业生，往往会'这山望着那山高'，一看到好的企业和发展机遇，就会立马跳槽，对原来的企业没有丝毫感恩之情，那些频繁跳槽的大学生稳定性差，企业是不会留用的，因为他们对企业缺乏最起码的忠诚度。"

（二）核心职业知识素养

调查显示，除了职业所需的专业知识，大学生需要具备的核心职业知识还包括以下几点：

1.专业知识

专业知识是指一定范围内相对稳定的系统化的知识。

2.专业技能

职业知识技能是做好一个职业应该具备的专业知识和能力。俗话说："三百六十行，行行出状元。"没有过硬的专业知识，没有精湛的职业技能，就无法把一件事情做好，就更不可能成为"状元"了。各个职业有各自的知识技能，每个行业还有各自的知识技能。总之，学习提升职业知识技能是为了让我们把事情做得更好。

3.管理知识

美国管理大师彼得·德鲁克指出："目标管理能使得我们用自我控制的管理来代替别人统治的管理，自我控制意味着更强的激励，它意味着更高的成就目标和更广阔的眼界。"调查中某知名企业人力资源经理在谈论该企业用人之道时说："青年员工要学会目标管理和时间管理，似乎很多大学毕业生身上都缺少。"掌握一定的目标管理和时间管理知识，能促使大学毕业生在工作中增强目标意识，有效地进行职业规划，从而进一步提升工作业绩。

4.法律知识

调查中很多用人单位及高校职业指导教师都指出，大学生要掌握一定的法律知识，包括《劳动法》《劳动合同法》《就业促进法》等相关就业方面的法律以及当前国家对大学生就业的一些优惠政策等，这些法律知识和就业政策能为大学生的就业权益提供维护和保障。面对目前的就业形势，大学生更应该树立理性的择业观，增强法制意识，否则，很可能由于不了解自己相应的权利义务而导致就业过程中遇到一系列的法律问题。

5.礼仪知识

当代大学生面临着激烈的择业竞争，除了专业知识等"硬标准"，职场礼仪的重要性也日渐凸显出来。调查中某事业单位人事部门主管指出："大学生从校园步入职场，职业礼仪方面需要更加注重。多数大学生在穿着、言谈、沟通等方面礼仪意识不够、规范性不强。"掌握一定的职业礼仪知识能规范自身的行为，树立良好的形象，推动职业活动朝着有序、和谐的方向发展。

（三）核心职业心理素养

1.进取心

进取心也称上进心，是不断要求上进、立志有所作为的心理状态。有进取心的人，往往有理想、有志气、积极肯干，并且不怕困难。对于职业生涯刚开始的大学生来讲，只有保持满腔的热忱和积极进取的心态，才能为自己梦想的航船建造一个精神的港湾。

2.环境适应能力

职业环境复杂多变，要尽快缩短从学校到职场的适应期，大学毕业生须具有较强的适应能力，能较快地融入新环境，悦纳新同事，并能根据岗位的需求尽快完善自己的知识结构，正确定位自我。某知名快餐连锁企业招聘负责人说："我们更看重的是毕业生踏上工作离位之后能否尽快上手，这就要求毕业生具有较强的岗位适应能力来缩短职业适应期。毕业生的适应能力如何，是影响毕业生就业成功与否的重要因素。"

3.抗压耐挫能力

在调查过程中，近50%的用人单位认为当前许多大学毕业生抗挫折的心理承受能力亟待加强。某进出口公司的招聘人员说："现在的大学毕业生基本都是独生子女，成长过程中受到很多的呵护，一般没有遇到过什么压力，所以，我们怕他们到了公司后，稍微遇到压力就受不了，马上换工作，企业哪里受得了？"某高校的一名职业指导教师说："我们很多毕业生都有这样的感觉，工作中不像学校那么轻松，你要应对随时出现的工作任务，加上工作节奏快，出现了失误还要面对领导的批评，所以在工作中坦然面对困难和挫折，并学会自行调节是十分重要的。"

4.恒心毅力

持之以恒的毅力，指人具有的坚持达到目的或执行某项计划的决心和持久不变的意志；指人所常有的善良本心。恒心毅力是一种心智状态，是可以培养训练的。

（四）核心职业能力素养

1.沟通协作能力

现代社会，人与人之间的交往日益频繁，良好的沟通协作能力能使双方达成共识。调查中某大型国企的招聘人员提到："新时代的大学生需要有较强的沟通和团队合作的能力，我们更希望看到在大学毕业生身上显现出团队合作与协同努力的精神，这一点非常重要，因为它关系到整个团队甚至是整个企业的发展。"

2.自我学习能力

自我学习能力是指能有意识地通过一定的途径和方法有效地吸纳和扩充知识的能力。我们要把自我学习变成职业行为习惯，因为职业素养就是在职场上通过长时间的"学习—改变—形成"，而最后变成习惯的一种职场的综合素质。心态可以调整，技能可以提升。要让正确的心态、良好的技能发挥作用，就需要不断地学习，练习，再学习，直到成为习惯为止。由于知识更新的周期缩短，社会要求从业人员不断学习，所以终身化学习成为必然趋势。某软件公司的招聘工作人员说："我们这种软件行业，基本上每天都要学习新的知识，不学习就跟不上技术的更新速度。"某高等职业学校的招聘人员则对大学生提出"精一手、会两手、学三手"的要求。

3.实践执行能力

对于个人而言，实践执行能力就是办事能力；对于团队而言，实践执行能力就是战斗力；对于企业而言。实践执行能力就是经营能力。它是指能有效地将专业知识转化为实践，面对突发问题时能积极有效地应对，调动一切可利用的资源解决问题的能力。多数用人单位十分看重大学生的实践执行能力，他们认为"将书本的专业知识运用到实践中十分重要"。某食品公司人事招聘负责人持有这样的观点："一个人的动手能力和实际操作能力是最重要的。我们招聘时，非常注重求职者在试用期和基层级炼期的表现。"所以要把一件事情做好，就必须坚持不断地关注行业的发展动态及未来的趋势走向；就要有良好的沟通协调能力，懂得上传下达，左右协调从而做到事半功倍；还要有高效的执行力。我们研究发现：一个企业的成功30%靠战略，60%靠企业各层的执行力，只有10%的靠其他因素。中国人在世界上都是出了名的"聪明而有智慧"，中国人不缺少战略家，缺少的是执行者！执行能力也是每个成功的职场人必须修炼的一种基本职业技能。

4.组织协调能力

组织协调能力是指根据工作任务，对资源进行分配，同时控制、激励和协调群体活动过程，使之相互融合，从而实现组织目标的能力。一般认为组织协调能力包括组织能力、授权能力、冲突处理能力、激励下属能力。

第二节　职业素养的地位及培养的意义

一、职业素养在工作中的地位

工作中需要知识，但更需要智慧，而最终起到关键作用的就是职业素养。良好的职业素养是企业必需的要素，是个人事业成功的基础，是大学生进入企业的"金钥匙"。缺少这些关键的素养，一个人将一生庸庸碌碌，与成功无缘。拥有这些素养，会少走很多弯路，以最快的速度通向成功。

一个人的能力和专业知识固然重要，但是，在职场要成功，最关键的并不在于他的能力与专业知识，而在于他所具有的职业素养。他提出，一个人在职场中能否成功，取决于其职商，而职商由以下十大职业素养构成，如表5-2所示。

表 5-2 十大职业素养

序号	职业素养	说明
1	敬业	只有你善待岗位，岗位才能善待你
2	发展	与单位需要挂钩，才会一日千里
3	主动	从要我做到我要做
4	责任	会担当，才会有大发展
5	执行	保证完成任务
6	品格	小胜凭智，大胜靠德
7	绩效	不重苦劳重功劳
8	协作	在团队中实现最好的自我
9	智慧	有想法更要有办法
10	形象	你就是单位的品牌

前面已经提到，很多企业之所以招不到满意人才，是因为找不到具备良好职业素养的毕业生，可见，企业已经把职业素养作为对人才进行评价的重要指标。如有个公司在招聘新人时，要综合考察毕业生的5个方面：专业素质、职业素养、协作能力、心理素质和身体素质。其中，身体素质是最基本的，好身体是工作的物质基础；职业素养、协作能力和心理素质是最重要和必需的，而专业素质则是锦上添花的。

二、职业素养培养的意义

（一）职业素养培养对个人的成长意义重大

从个人的角度来看。培养职业素养最直接的意义在于能大大提高学生的就业竞争力。适者生存，个人缺乏良好的职业素养，就很难取得突出的工作业绩，更谈不上建功立业。

职业素养中的职业道德。属于人生观和价值观的范畴，其重要内涵是爱岗敬业、诚实守信。随着大众化高等教育的发展，用人单位对人才的选择余地渐宽，超越学历之外的劳动力职业素养问题逐渐为用人单位所关注。

现在很多人缺乏对所投身职业的基本素养的了解，还不懂得学历与职业之间经常不对称的关系。当一个人的职业素养与工作技能不能满足用人单位的要求时，就业难的问题就难以避免。一方面，大学生感叹就业难；另一方面，许多用人单位也在抱怨找一个合适的新员工难。多数企业在招聘一些重要岗位时，更多的考虑是为企业输入所需人才，实现合理配置，以实现企业长足发展。

因此，应聘人员的职业素养尤其是道德品质就成为一个重要的录用标准。如果学生具有一定的专业水准，又能够表现出良好的职业素养，就有被录用的可能。但现实是不容乐观的，大多数毕业生的基本职业能力普遍达不到雇主的要求，学生们在校的时候更多地专注于技能的养成而忽视了基本工作能力，但这恰是职场中很重要的素质。

企业对一些新员工评价低，大部分原因是其工作态度差，而非工作业绩和业务能力欠缺。大学毕业生在供需见面会上的自主择业过程中，职业素养好的学生往往受招聘单位的欢迎，比较容易就业，而职业素养差的学生可能难以就业。在求职过程中，部分学生专业水平较低，不能通过专业测试；部分学生能顺利通过专业测试，但终因不善沟通、不注重细节、不讲诚信等职业素养的欠缺，最终失去就业机会。

（二）职业素养培养可以提高企业在市场上的竞争力

从企业角度来看，唯有聚集具备较高职业素养的人员才能实现生存与发展的目的，他们可以帮助企业节省成本，提高效率，从而提高企业在市场的竞争力。

（三）职业素养培养直接影响着国家经济的发展

从国家的角度看，国民职业素养直接影响着国家经济的发展。正因如此，职业素养教育、才显得尤为重要。当前大学生群体中，有相当一部分学生对自己要求不严格，职业素养缺失，从而导致就业状况不理想。因此，着力培养大学生的职业素养已经成为当前高校教育的一个迫切的社会任务。因此需要高职院校深入实际，不断探索，重视学生职业素养的培养，为社会培养合格有用人才，为我国社会主义经济的稳步发展做出贡献。

第三节　大学生职业素养提升的实现路径

大学生职业素养的培养应该着眼于整座"冰山"，并以培养显性职业素养为基础，重点培养隐性职业素养。当然，这个培养过程不是家长、学生、学校、企业哪一方就能够单独完成的，而应该由四方共同协作，实现"四方共赢"。

一、职业素养的自我培养

作为职业素养培养主体的大学生，在大学期间应该学会自我培养。

（一）培养职业意识

雷恩·吉尔森说："一个人花在影响自己未来命运的工作选择上的精力，竟比花在购买穿了一年就会扔掉的衣服上的心思要少得多，这是一件多么奇怪的事情，尤其是当他未来的幸福和富足要全部依赖于这份工作时。"①很多高中毕业生在跨进大学校门之时就认为已经完成了学习任务，可以在大学里尽情地"享受"了。这正是他们在就业时感到压力的根源。清华大学的樊富珉教授认为，中国有69%~80%的大学生对未来职业没有规划、就业时容易感到压力。中国社会调查所最近完成的一项在校大学生心理健康状况调查显示，75%的大学生认为压力主要来源于社会就业。50%的大学生对于自己毕业后的发展前途感到迷茫，没有目标；41.7%的大学生表示目前没考虑太多；只有8.3%的人对自己的未来有明确的目标并且充满信心。培养职业意识就是要对自己的未来有规划。

因此，大学期间，每个大学生应明确我是一个什么样的人？我将来想做什么？我能做什么？环境能支持我做什么？着重解决一个问题，就是认识自己的个性特征，包括自己的气质、性格和能力，以及自己的个性倾向，包括兴趣、动机、需要、价值观等。据此来确定自己的个性是否与理想的职业相符。对自己的优势和不足有一个比较客观的认识，结合环境如市场需要、社会资源等确定自己的发展方向和行业选择范围，明确职业发展目标。

（二）显性职业素养的培养

配合学校的培养任务，完成知识、技能等显性职业素养的培养。职业行为和职业技能等显性职业素养比较容易通过教育和培训获得。学校的教学及各专业的培养方案是针对社会需要和专业需要所制订的。旨在使学生获得系统化的基础知识及专业知识，加强学生对专业的认知和知识的运用，并使学生获得学习能力、培养学习习惯。

因此，大学生应该积极配合学校的培养计划，认真完成学习任务，尽可能利用学校的教育资源，包括教师、图书馆等获得知识和技能，作为将来职业需要的储备。

（三）隐性职业素养的培养

有意识地培养职业道德、职业态度、职业作风等方面的隐性职业素养是大学生职业素养培养的核心内容。核心职业素养体现在很多方面，如独立性、责任心、敬业精神、团队意识、职业操守等。事实表明，很多大学生在这些方面存在不足。有记者调查发现，缺乏独立性、会抢风头、不愿下基层吃苦等表现容易断送大学生的前程。而喜欢抢风头的人被认为没有团队合作精神，用人单位也不喜欢。

如今，很多大学生生长在"6+1"的独生子女家庭，因此在独立性、承担责任、与人分享等方面都不够好，相反他们爱出风头、容易受伤。因此，大学生应

---

① 郭世德. 思想政治教育与职业素养［M］. 北京：经济日报出版社，2018.

该有意识地在学校的学习和生活中主动培养独立性、学会分享感恩、勇于承担责任,不要把错误和责任都归咎于他人。自己摔倒了,不能怪路不好,要先检讨自己,承认自己的错误和不足。

大学生职业素养的自我培养应该加强自我修养,在思想、情操、意志、体魄等方面进行自我锻炼。同时,还要培养良好的心理素质,增强应对压力和挫折的能力,善于从逆境中寻找转机。①

二、学校对大学生职业素养的培养

为了培养大学生的职业素养,高校应该从以下几个方面着手以满足社会需要:

(一)将大学生职业素养的培养纳入大学生培养的系统工程

从高中毕业生进入大学校门的那一天起,学校就应该使他们明白高校与社会的关系、学习与职业的关系、自己与职业的关系。全面培养大学生的显性职业素养和隐性职业素养,并把隐性职业素养作为重点培养。

(二)成立相关的职能部门协助大学生职业素养的培养

如以就业指导部门为基础成立大学生职业发展中心,并开设相应的课程,及时向大学生提供职业教育和实际的职业指导,最好是配合提供相关的社会资源。另外,深入了解学生需要,改进教学方法,提升大学生对专业学习的兴趣,满足学生对本专业各门课程的求知需求,尽可能向学生提供正确、新颖的学科信息。

(三)帮助学生形成正确的职业意识

帮助学生树立人生观和价值观,养成良好的学习和生活理念,帮助学生认识社会、观察社会,并结合学生自身的实际情况,初步形成正确的职业意识和理性的从业观念。

(四)帮助学生懂得专业课的重要性

要在课堂教学中,尤其是专业学科教育中加强引导,专业课的学习将直接影响学生将来的就业或进一步从事研究工作。新生从入学开始,如果能懂得专业课的重要性。就可以在未来四年的大学学习期间做到有的放矢,围绕专业课,逐步了解并热爱自己的专业,为未来工作奠定坚实的基础。通过专业知识的学习研究,使学生养成好学上进的优良品质,最终形成良好的职业素养。

(五)帮助学生培养职业理想

指导学生设计职业生涯规划,培养学生的职业理想。职业生涯规划是指个人

---

① 朱艳军. 大学生职业素养提升研究 [M]. 北京:中国纺织出版社,2021.

和组织相结合,在对一个人职业生涯的主客观条件进行测定、分析、总结研究的基础上,对自己的兴趣、爱好、能力、特长、经历及不足等各方面进行综合分析与权衡,结合时代特点,根据自己的职业倾向,确定其最佳的职业奋斗目标,并为实现这一目标做出行之有效的安排。

美国的戴维·坎贝尔说过:"目标之所以有用,仅仅是因为它能帮助我们从现在走向未来。"职业生涯规划的目的就是要对自己的未来有规划。职业规划的过程,也是认识自我、分析自我、要求自我的过程,学生根据自身的个性设计职业生涯规划,明确职业发展目标,筹划未来,为自己选择一条真正适合自己的事业发展道路,最终实现职业理想。

(六) 强化学生的职业意识

积极开展第二课堂,强化学生的职业意识。学校要积极为大学生创造在课外学习和锻炼的机会,通过具备实际社会工作经验的实习指导教师对学生进行职业层面的帮助,通过学习、实践和锻炼,逐步培养良好的职业修养和职业素质。要通过开展公益活动、社会调查、社会服务、勤工助学等方式,增强大学生的社会责任感和使命感,增强艰苦奋斗、吃苦耐劳和自强、自立的意识,为他们自觉树立良好的职业道德意识打下基础。

在参与社会实践活动时,要让学生在工作中学会交往、学会包容、学会竞争和合作。通过严格管理,有效规范学生的行为,强化他们的时间观念,使他们养成遵规守纪的良好习惯。通过习惯养成,把职业规范内化为自身道德素养,渗透到思想中去,转化为工作中的实际行动。总之,社会的进步和高速发展,对劳动者的职业素养提出了越来越高的要求,大学生这一特殊的群体要在社会和高校的合力培养下,严格要求自己,充分发挥自身的主观能动性,努力提高职业素养,提升就业竞争力,较快地适应职业岗位的要求,进而实现"就业—职业—事业"的转变,成长为新世纪的合格人才,为社会发展做出更大的贡献。

三、社会资源与大学生职业素养的培养

大学生职业素养的培养不能仅仅依靠学校和学生本身,社会资源的支持也很重要。很多企业都想把毕业生直接投入"使用",但是却发现很困难。企业界也逐渐认识到,要想获得职业素养较好的大学毕业生,企业也应该参与到大学生的培养中来。可以通过以下方式来进行:

第一,企业与学校联合培养大学生,提供实习基地以及科研实验基地。第二,企业家、专业人士走进高校,直接提供实践知识、宣传企业文化。

第三,完善社会培训机制,并走入高校对大学生进行专业的入职培训以及职

业素质拓展训练等。

总之，大学生职业素养的培养是目前高等教育的重要任务之一，而这一任务的进行，需要家长、大学生、高校及社会4个方面的协同配合才能有效。

第四节　大学生思想政治教育与职业素养的融合

师者传道授业解惑，承担着神圣的使命。高校教师作为大学生思想政治教育的重要力量，一直担负着培养具有创新精神和实践能力的优秀人才的任务，在实际的教育过程中，对规范学生的思想教育，指导学生的行为起着重要的作用，起到了良好的教育效果，促使教育成效得到极大的发挥，提高了教育效率。学生在校期间，高校教师应当对学生进行思想政治与职业素养的教育，提高学生的素质和技能。而当前的高校思想政治教育与职业素养教育落实不到位，在一定程度上影响了思想政治教育的实用性与职业素养教育的效果。目前我国的高校已经认识到了对大学生思想政治教育和职业素质培养的重要性，纷纷开展职业素质培养和思想政治教育，但是在实际的教育过程中，存在较多的不足，加强教育实效性已成为当前需要迫切解决的问题。

一、大学生思想政治教育与职业素养教育的现状

（一）思想政治教育与职业素养教育结合不紧密

随着社会经济的快速发展，用人单位对人才职业素养的要求越来越高，这在很大程度上增加了高校人才培养的压力，虽然高校将加强学生的思想政治教育作为办学的理念和基本要求，并开设了相关课程，但在教学过程中更加注重职业能力培养，这种以提高学生职业能力为核心的教育模式容易弱化对大学生的德育，往往形成思想政治教育与职业素养培养两张皮，结合不够紧密，思想政治教育难以达到预期效果。

个别学校并未全面开设职业素养相关课程，专业教师在课堂上着重锻炼学生的职业技能水平，长期把理论实践一体化教学改革训练作为追求目标，忽视了对学生的职业素养的培养，这就导致学生进入社会后，面对诱惑时难以坚守职业道德底线，为了个人利益侵害他人权益，对个人、对社会产生严重的负面影响。从个人的成长来看，品德是第一位的，德育在人生成长、生活过程中起着决定性作用。所以，培养的人才不仅要有良好的专业知识、过硬的职业能力，先要有良好

的思想品德。①

(二) 职业能力培养环节未发挥作用

大学职业能力培养的一个重要特点是实践教学环节多、学生参与度高、体验感强。在实践教学过程中能结合现实生产生活讲授更多的人生哲理，教育性强，具有实践育人的良好效果。日常教育教学过程往往注重课堂理论讲述，学生难以有深刻的感受和体验，实践过程中的育人作用没有得到充分的发挥。这就导致大学生虽然能明白正确的处世原理，且能自主辨别对错是非，但由于缺乏这方面的实践或者经历，遇到问题时，有时难以客观、理性、正确地面对处理。

在这种状态下，大学生往往会陷入煎熬、痛苦之中，很容易误入歧途，走向违背自己价值观的道路，甚至在迷茫中犯错。针对上述问题，大学作为人才培养机构，在教学实践活动、课外活动安排上应多开展一些与思政教育、职业能力培养相关的实践活动，教师在活动组织中要充分发挥引导作用，利用身边的先进事例、案例及现场参观等形式，将职业素养教育顺畅的导入思想政治、理想信念等方面教育中，让学生在学习中得到提升，思想得到升华，从而培养学生的社会适应能力，促进学生具备一个良好的职业素养，为将来更好地适应社会奠定坚实的基础。

(三) 对大学生的心理教育需要进一步加强

职业素养教育的一个核心就是心理健康教育，良好的心态、健康的身心是一个人保持正常学习、生活的基础。对大学生来讲，拥有良好的职业素养，对今后的人生起着重要作用。短短几年的大学生活过后就要步入社会，只有在大学期间拥有一个健康的心理，才能以一个良好的心态去面对生活中遇到的各种问题和困难。因此在大学教育中，教师要随时注意学生的心理健康教育，及时疏解心理困惑，为学生指引正确的奋斗方向，从而提高大学生的综合素质和职业素养。

然而，就目前大学生的心理健康情况来看，一些学生缺乏良好的心理素质，加之受社会发展不均衡、社会价值导向多元、网络自媒体夸大宣传、职业素养培养不够等方面因素影响，缺少吃苦耐劳、拼搏向上的奋斗精神，往往出现抗压能力不足，造成难以面对困难挫折，甚至出现心理障碍。这就严重影响大学生的健康成长和毕业以后的工作生活，对人生发展产生影响。

---

① 贾灵充，周卫娟，赵艳娟. 当代大学生核心素养与思想政治教育研究 [M]. 北京：新华出版社，2018.

二、大学生思想政治教育和职业素养培养的融合

(一)修订人才培养方案,创新教育教学方式

随着我国经济社会的快速发展,对人才的需求标准也在不断提高,这就要求高校对学生的教育模式也要不断改进,要进一步完善人才培养方案和培养模式,不断创新教学教育方式,将学生的知识能力教育和思想政治教育相结合。要立足于大学生的长远发展,积极对学生进行引导,要坚定理想信念,坚持党的领导,听党话,永远跟党走,坚持德、智、体、美、劳全面发展,以适应新时代社会发展对人才的要求。职业生涯规划可以有效帮助学生提高职业能力,这就要求学校开设好职业生涯规划课程。要根据专业差异,为学生提供更加丰富的思想政治和职业素养课程,有针对性地进行职业教育引导,帮助学生制定好职业生涯规划,提升职业生涯规划的质量,促进人的全面发展。在具体的教育教学实践中,可通过以下几种策略促进职业素养培养。

(1)创设人文情境,促进学生对某个职业素养的认识,引导学生自主讨论。大学生的思想相对成熟,基本上已经形成了稳定的价值取向。这就意味着他们并不会随意地接受他人观点,而是希望以平等的视角与他人和谐对话,在精神上实现平等。

因此,在组织职业素养教育时,教师应尊重学生的真实想法、自我感受,可在课堂上创设人文情境,唤起学生的情感体验,引导学生自主分析、讨论相关问题,使得学生能真诚阐述自身对职业素养的认识、理解。这样一来,教师则可准确地判断大学生是否具备职业素养,还存在哪些认知缺陷等,从而更有针对性、更有目的性地对学生进行精神启迪,提高职业素养教育效率。

(2)精选案例,组织案例讨论与分析活动。为了促进大学生的职业素养培养,教师可利用本专业经典的职业素养教育案例去引导学生分析主人公的行为,结合该行业的职业道德准则进行分析与解释。在案例讨论中,师生双方应是平等的,教师不要用单一的课堂讲解活动让学生被动汲取道德知识,而是要支持学生自主讨论、分析,使得学生能在案例探究中解决相关问题,归纳主要结论。根据学生表述,教师则可分享自己在职业生涯中的思想认知、道德准则,以便顺利提高学生的素养,使得大学生能遵守道德规范。

(3)通过开展主题实践活动,丰富学生的精神世界。在职业素养教育实践中,最好的教育方式便是要引导大学生积极参与实践活动,使得大学生能根据自己的真实经历树立职业道德底线,在一次次的实践锻炼中变得坚韧、正直、诚信与刻苦,从而逐步提高自身的道德素养水平,为后续发展打下坚实的教育基础。为此,

大学教师要充分利用优质的教育资源开展主题实践活动，积极推进校企合作活动，由学生自主参与学校实践、社会实践活动与企业事业单位实习活动，切实提高学生的道德认知水平，使其能树立坚定的职业信仰。

（二）教育过程中严格贯彻社会主义核心价值观

高校是培养和践行社会主义核心价值观的重要阵地和重要平台。在对大学生进行思想政治教育与职业素养教育的过程中，坚持"德育为先，育人为本"的高校办学理念，其要求把社会主义核心价值观教育放在第一位，贯彻高等教育教学的始终。要把培育和弘扬社会主义核心价值观作为基础工程，持续、有效地开展下去，让学生树立正确的职业素养理念，在以后的学习工作生活中有一个健全的人格，更好地为社会主义现代化建设贡献力量。

（三）加强大学生理想信念教育

理想信念是一种巨大的精神力量，是中国革命、建设和改革的精神动力，加强理想信念教育，培养社会主义现代化事业的建设者和接班人具有崇高理想显得尤为重要。

因此高校必须坚持正确的理想信念教育，建立科学的理想信念结构，引导当代大学生树立起正确的、科学的理想信念；必须将各种理想的认知、情感、行为有机统一，实现理想信念社会主义初级阶段的现实性和共产主义的方向性统一；必须避免理想信念教育偏重于形式化，应将理论教学和实践教学有机结合，通过实践来检验理想信念教育的实际效果，真正为大学生补足"精神之钙"。

（四）建立健全的评价机制

新时期在对大学生进行思想政治教育与职业素养教育的过程中，应进一步完善长效机制，建立健全科学完善的考核评价体系和长效工作机制。对思想政治修养、文化素质、成绩突出的学生要及时给予一定的肯定和奖励；对有问题的学生要进行帮助，找出问题的原因并进行跟踪，一定帮助学生树立正确的世界观、人生观、价值观。具有良好的政治素质和高尚道德品质，才能适应新时期对人才的需要。

（五）加强教师职业道德教育

为加强大学生思想政治教育与职业素养的培养，要求高校教师一定树立德育首位的观念，需要高校管理部门在师资方面进行建设和创新，从教师自身做起，将自身的道德水平与业务能力提升。高校教师的行为准则、道德规范与职业操守对学生有很大的影响，高校教师要严格遵守教学纪律和学术规范，切实肩负起立德树人、教书育人的神圣职责。教师要以身作则，言传身教，为学生树立好榜样。

优化教师队伍，提高教师的整体素质，对大学生的思想政治教育与职业素养的培养起着重要的作用。

（六）充分发挥实践教学的作用

高校开设了大量的实践教学课程并举办了丰富多样的课外实践活动，学生在参与实践教学过程中能接触到更多的人和事，获得良好的体验感受，加深对职业的责任感和荣誉感的认知。尤其是通过实践教学，学生能感受到身边的学习榜样，先进的感人事迹，感受到通过平凡劳动取得的成绩而获得更高层次的精神体验，所以，实践教学是一种非常好的思想政治现场教学体验。为了提高实践教学活动的效果，在开展实践教学活动时，教师要提前做好准备，及时引导学生将理论与实践相结合，学习和生活相结合，积极向先进模范学习，帮助学生树立责任心和上进心，激发自身的潜力，让学生在实践中得到锻炼和提升，为自己以后的就业和工作做好充足的思想准备。

（七）改进心理教育教学方式，培养健康的心态

随着社会的快速发展，人们的生活压力逐渐增大，学生的学习压力、生活压力、就业压力也随之增大。心理健康教育作为大学生职业素质培养的重要组成部分，必须得到重视。为了培养学生拥有良好的健康心理，高校在开设好心理教学课、建设好心理咨询室，配备足够的心理咨询师的同时，要积极通过多种形式与学生进行沟通交流，尤其要注意在潜移默化中帮助学生，对学生进行开导，引导学生以积极的心态去面对生活中的问题和困难。拥有良好的心理健康素质，学生才能更好地学习，更好地发挥自身的潜力，获得更多的尊重，才能有更好的心态去面对困难，适应社会，才能成为一个社会需要的人才，实现人生的价值。

另外，在组织心理健康教育活动时，教师应坚持因材施教、因人而异的指导原则。每一个学生的个性、成长环境、所面临的职业决策、承受的成长压力等都是不同的，这也意味着即便大学生呈现出相似的心理问题，但是在采用心理健康教育方法时，教师也应根据学生的个体情况进行个性化设置，保证学生能在"私人订制"的心理辅导活动中正视自己，积极配合，以便及时解决心理问题。对此，教师则应定期追踪、记录学生的心理健康情况，反思各个心理辅导方法是否能对学生产生积极影响，根据学生的真实表现进行反思，调整心理辅导方法，以便切实提升学生的心理健康。当然，如果单凭教师一人之力无法彻底消除学生的心理问题，那么教师也应主动与学生家长、社会相关人员进行合作，共同创设优良的教育环境，使得学生的心理状况变得越来越健康。实际上，大学在社会上本身便有较高的号召力，很容易聚集起群众力量，而这就意味着教育合作是可能发生的，所以大学教师应充分利用学校的号召力与社会影响力，呼吁大家关注学生的心理健康情况，并且能为保障学生的心理健康做出贡献。

（八）加强创新精神教育，促进职业能力提升

创新是指为了达到某一个目的，根据事物发展的规律进行的探索，创造出和别人不一样的东西，从而使其得以更新与发展的活动。创新是发展的第一动力，是推动社会进步的基础。大学生思维活跃，是社会组成中最具创新活力的群体，所以，大学生要结合所学，积极开展创新创业，要敢于创新、善于创新、自觉提高创新能力，通过创新创业促进职业素养和思想政治教育的提高。高校要加强创新创业教育课程开设，积极开展创新创业教育辅导，培养学生的创新思维和创新精神。

同时，高校要充分利用大学生创新创业孵化园、众创空间等场所，支持学生自主开展创新创业，并带动其他学生参与创新创业实践活动；要充分利用国家支持政策，挖掘有潜力的学生，帮助学生创新创业，并在此过程中渗透、感受职业素养教育，培养高素质的优秀人才。

三、加强大学生职业素养培养的意义

实现思想政治教育和大学生职业素养培养相融合，是为了更好帮助学生树立正确的世界观、人生观和价值观，提高大学生适应社会和就业的竞争力，让大学生在走出校园后也能找到适合自己的工作。职业素养分为显性和隐性两个方面。显性的职业素养是通过学习获得的一些外在表象，如说话方式、做事习惯等；而隐性的职业素养是显性的职业素养的内在驱动，如工作认真态度、责任心等，这其中包含对大学生的职业道德、工作作风和职业态度等的教育。所以大学生职业素养教育应该分为显性的和隐性两个方面，要以培养显性的职业素养为基础，不断提升对隐性职业素养的培养提升。

现代社会优秀的员工除了要具备一定的专业知识和技能外，敬业精神和职业道德等个人素质更加重要。职业素养包含个人素质和道德修养。对用人单位来说，员工的工作能力、专业知识很重要，但是在职场上他所具备的职业素养更加重要。现在大多数用人单位把职业素养作为一项重要考核指标，并且从过去单一的显性素质测评转化为显性素质与隐性素质相结合的科学评价体系。

所以说高等教育要在教育学生学习专业知识的同时，加强学生思想政治教育，注重培养学生的隐性职业素养。如果大学生既有一定的专业知识水平，又能表现出良好的职业素养，就业时被录用的可能性就会增大。但在现实中，大多数毕业生的职业能力往往达不到用人单位的期望，学生在校时比较注重本专业知识学习和专业能力培养，对基本职业素养的培养比较少，但这些正是职场中所需要的。所以，加强学生的职业素养培养，对学生毕业后尽快适应工作有十分重要的意义。

第六章　大学生职业素养的培养与提升

第一节　大学生的情绪管理素养

情绪是个体对外界刺激的主观的有意识的体验和感受，具有心理和生理反应的特征。我们无法直接观测内在的感受，但是我们能够通过其外显的行为或生理变化来进行推断。意识状态是情绪体验的必要条件。

情绪不可能被完全消灭，但可以进行有效疏导、有效管理、适度控制。情绪无好坏之分，一般只划分为积极情绪、消极情绪。由情绪引发的行为则有好坏之分、行为的后果有好坏之分，所以说，情绪管理并非是消灭情绪，也没有必要消灭，而是疏导情绪、并合理化之后的信念与行为。这就是情绪管理的基本范畴。我们主要可以从正面思维、抗压耐挫、恒心毅力几方面来培养情绪管理素养。

一、正面思维

（一）正面思维的内涵

正面思维是人在处理任何事情时都能以积极、主动、乐观的态度去思考和行动，并促使事物朝着有利的方向转化。正面思维会使人在逆境中更加坚强，在顺境中脱颖而出，变不利为有利，从优秀到卓越。从认知上改变命运，是事业成功和实现自我的有效途径，它的本质是发挥人的主观能动性，挖掘潜力，体现人的创造性和价值。[①]正面思维的"正面"，实际上有三个方面的含义。

1.自己的正面

[①] 朱艳军. 大学生职业素养提升研究［M］. 北京：中国纺织出版社，2021.

所谓"自知者明",看清自己的优势和潜力,充满必胜的信念,这样,就不会稍遇挫折就轻言放弃,从而做到持之以恒,直到成功。

2.别人的正面

看到别人的正面,见贤而思齐,就能从别人身上学到更多东西,也更能赢得别人的好感和尊重,从而拓宽自己成长的道路。

3.环境的正面

上帝为你关上一扇门,必然会为你打开一扇窗。不管我们处于什么样的环境之中,一定要看到光明的一面,保持乐观的心态。

(二) 正面思维的作用

1.有利于身心健康

在我们熟悉的中医养生理论中,情志是指喜、怒、忧、思、悲、恐、惊七种情绪的变化。一个人如果长期处于心情不畅、情绪失调等情志不合理的状态,就会对正气、阴阳和脏腑造成伤害,影响到身心健康。

那有没有一种方法,可以帮助我们保持心情的愉快和情志的合理呢?正面思维就是一种非常有效的方式。

正面思维,是指人们在任何情况和环境下,都从正面看问题,以主动、乐观、进取的态度去思考和行动。它不仅是一种积极的人生态度,也是我们获得健康、快乐的源泉。

正面思维使我们的心胸更宽广、视野更开阔、看事物更积极,帮助我们坦然面对事物的变化、工作和生活的压力,冷静、客观地处理各种事情,保持良好的情绪和健康的心态。

那怎样才能做到正面思维呢?遇到事情不妨换个角度看问题,"重新框架"以后,你就能发现事情的积极方面和对自己的好处,从而走出困惑与烦恼。比如,你遇到一位要求严苛、简单粗暴并且处处跟你过不去的"恶"上司,你会怎么办?也许你会立即跳槽,但是,跳到下一份工作仍遇上这样的上司,你又会怎么办?其实,遇上不好的上司是件非常好的事情,这是锻炼自己的好机会。在这样的上司面前,你都能生存和发展,足以证明你的能力。大家不如这样正面去想:上司越差,对我越好。其实,无论是工作、生活,还是与人交往,很多困扰你的事情,看起来很严重,但你在"重新框架"之后,你会轻松、开心很多,你的态度会大不一样,方法会增加很多,内心也会变得强大、坚定起来。

当你做到正面思维,你的积极、乐观与自信不但会给他人送去快乐、信心和希望,而且会给你的内心带来宁静、平和与喜悦。这样,你的情志就会更合理,你的身心自然也会更健康。如果你想为自己的健康加分,让自己的情志更积极,那就从现在开始做到正面思维吧！

2.有利于人性的拓展

心理学之父威廉·詹姆斯说过，我们这个时代最伟大的发现就是人们可以通过改变思维方式来改变自己的生活，而思维方式是一种选择，我们可以用积极的思想对待事物，也可以用消极的思想对待事物。据最新出版的《学会正面思维》披露，除非身体机能出现紊乱，否则人们都可以自主地选择使用正面还是负面的思维方式进行思考。

3.有利于事业的成功

纵观职场，成功者之所以成功，就是摆脱了负面的想法，强化了正面的想法，即自己树立自己，自己成就自己。曾子说过："吾一日三省吾身。"如何省？无外乎取舍，要用正面思维取代负面思维。一日三次，持之以恒，就能校正好自己的"思想路线"，端正自己的行为。《学会正面思维》认为，成功有顺序，首先是思维的成功，然后是做法的奏效，最后才有功劳薄的记载。

可以说，正面思维是成功的源头。正面思维使人在逆境中更加坚强，在顺境中脱颖而出；变不利为有利，从优秀到卓越，从认知上改变命运，是事业成功和实现自我的有效途径它的本质是发挥人的主观能动性，挖掘潜力，体现人的创造和价值。

4.有利于实现自我价值

简言之，正面思维是一种人生态度。迈克尔·乔丹有一句名言："不要害怕失败，很多人在成功之前，都经历过许多次失败。"失败并不可怕，成功也并不是最宝贵的，最难能可贵的是失败后还能再一次站起来，甚至取得更大的成功。

正面的思维方式应当是立足当下，活在未来。我们正处于一个飞速发展的知识经济时代，变革与创新是永恒的主题，任何一个人都无法将自己置身于这种洪流之外，整个社会都在日新月异，一日千里。作为个体，也只有具备充分的紧迫感与未来意识，才能够让自己在未来的激烈竞争中不掉价，才能不被时代所淘汰。如果你不去展望未来，不考虑未来世界的发展方向，那么你今天的努力可能就会大打折扣，你离梦想可能就会越来越远。而那些"活在未来"的人，却不会为现有的各种固有思维所羁绊，他们敢于冲破现有的一切，勇于创新，善于打破常规，因而往往能够出奇制胜。

当然，紧迫感和未来意识并非人生来就有的，而是在一定的生活、工作环境中养成的。正面思维，活在当下，不论是从思维的角度，还是从适应职场竞争、更好地生存的角度，我们都应该更具前瞻意识，努力让自己"活在未来中"，处处快出别人一拍。去想一下自己未来的辉煌，并在大脑中描绘出一个清晰的理想蓝图，想象那一天已经来临。这样的话，久而久之，这种梦幻中的蓝图就会真的转变为现实。

二、抗压耐挫

随着社会对教育的重视、老师和家长对学生期望值的增加，抗压能力不高的学生经受压力和挫折时，或情绪消沉低落，或与学校、老师消极对抗。压力长时间得不到疏导，会影响他们的成长，甚至会令他们做出一些过激的行为。

（一）心理压力的内涵

心理压力即精神压力，现代生活中每个人都有所体验。总的来说，心理压力有社会、生活和竞争三个压力源。压力过大、过多会损害身体健康。现代医学证明，心理压力会削弱人体免疫系统，从而因为外界致病因素引起肌体患病。现代生活的压力，像空气一样无时无刻不在挤压着人们。

心理压力是个体在生活适应过程中的一种身心紧张状态，源于环境要求与自身应对能力的不平衡；这种紧张状态倾向于通过非特异的心理和生理反应表现出来。

压力是压力源和压力反应共同构成的一种认知和行为体验。人的内心冲突及与之相伴随的情绪体验是心理学意义上的压力。从心理学角度看，压力是外部事件引发的一种内心体验。

（二）心理压力源的种类

1.生物性压力源

生物性压力源主要包括躯体创伤或疾病、饥饿、睡眠剥夺、噪声、气温变化。

2.精神性压力源

精神性压力源主要包括错误的认知结构、个体不良经验、道德冲突、不良个性心理特点。

3.环境性压力源

环境性压力源主要包括纯社会的、由自身状况造成的人际适应问题。

（三）心理压力的危害

压力，每天都围绕在生活中，有压力才有动力，此话不假，但面临的压力超出了心理承受能力，就会导致心理失衡，引起抑郁、焦虑等心理疾病。无论是哪种类型的心理压力，都有可能使人出现以下症状：心跳过速、手心冰冷或出汗、呼吸短促、头痛胃痛、恶心呕吐、腹胀腹泻、肌肉刺痛、健忘失眠、自卑、多疑、嫉妒、消沉、思维混乱、脾气暴躁、过度亢奋、喜怒无常，等等。

人们都知道，生活在高压环境下会给身体和情绪造成严重后果。耶鲁大学的研究人员发现，巨大的压力会减少大脑负责自控区域的灰质体积。

一旦你失去了自控力，你就会失去应对压力的能力。这样一来，你不仅更加难以让自己脱离高压环境，而且更有可能通过种种方式（比如说对别人过度反应）为自己制造压力。难怪那么多人会陷入压力越来越大的死循环，最后完全崩溃（甚至出现更糟的情况）。

压力会影响大脑的生理机能，导致高血压、糖尿病等慢性疾病，因此自控力的下降就显得尤为可怕。而且压力造成的后果还不仅限于此，它还与抑郁、肥胖、认知能力下降有关。

（四）调适心理压力的方法

每个人都会有心理压力，尤其是现代社会，工作、房子、婚姻、感情等问题，人们的心理压力越来越大。对于心理压力，我们不但要学会调整它，也要学会跨越它。在压力下管理情绪、保持冷静的能力直接关系到你的表现。情商测评和训练服务商Talent Smart对超过一百万人进行了研究，结果表明，90%的优秀人士都善于在压力下管理情绪，保持冷静和克制。

实际上，时断时续的压力事件能够让你表现更出色，因为它能使大脑更加警觉。而大多数优秀人士都有精心磨练的应对策略，供他们在高压环境下使用，以降低压力水平，确保自己感受到的压力不会持续下去。由此一来，他们既可以保持高水平的表现，又能够将压力的消极影响降到最低。

1.补偿

建立合理的、客观的自我期望值，奋斗目标要合理，在实施过程中，发现目标不切实际、前进受阻，实现目标的愿望受挫后，可以利用别的途径达到目标，应及时调整目标，或者确立新的目标，以便继续前进，获得新的胜利。有时做事可往最坏处着想，但向最好处努力。即"失之东隅，收之桑榆"，这是一种心理防御机制。

2.换位

正确认知压力，灵活调整自己的心态，学会换位思考。例如，当你遇到不公平的事情、不协调的人际关系、不愉快的情感体验时，当妒火中烧时，要变换自己的角度，进行有意识的控制，增强个人修养。

3.推移

时间是解决问题的最好办法，运用推移时间遗忘法，积极忘记过去的、眼前的不愉快，随时修正自己的认知观念，不要让痛苦的过去牵制住你的未来。

4.升华

我们要学会管理自己的情绪，当我们愤怒时，可以离开当时的环境和现场，转移注意力。人在落难受挫之后，奋发向上，将自己的感情和精力转移到其他的活动中去。如大学生在感情上受挫之后,将感情和精力转移到学习中去。这也是大学生在受挫之后一种很好的调节方法。

5.自信

自信自主激励法。即相信自己是最好的、最可以依赖的,每个伟业都由自信开始。

6.学会运用压力

出现压力并不可怕,适当的压力可以让我们更加的积极与进步,所以我们要学会运用压力。

三、恒心毅力

(一)恒心毅力的内涵

毅力也叫意志力,是人们为达到预定的目标而自觉克服困难、努力实现的一种意志品质;毅力,是人的一种心理忍耐力,是一个人完成学习、工作、事业的持久力。当它与人的期望、目标结合起来后,它会发挥巨大的作用;毅力是一个人敢不敢自信、会不会专注、是不是果断、能不能自制和可不可忍受挫折的结晶。

(二)恒心毅力的培养

恒心毅力是一种心智状态,所以是可以培养训练的。恒心毅力和所有的心态一样,奠基于确切目标,培养恒心毅力的途径有以下几种:

1.强化正确的动机

强烈的动机可以驱使人超越诸多困境。目标坚定,是培养恒心毅力最重要的一步。由灼烧的热切渴望,支持自己实现确切的目标,使人比较容易有恒心毅力,并坚持到底。人们的行动都是受动机支配的,而动机的萌发则起源于需要的满足。什么也不需要或者说什么也不追求的人,从来没有。人都有各自的需要,也有各自的追求;只是由于人生观的不同,不同的人总是把不同的追求作为自己最大的满足。伟大的目的产生伟大的毅力。从奥斯特洛夫斯基和张海迪身上,我们可以充分地看到,崇高的人生目的怎样有力地激发出坚韧的毅力。

2.从小事做起

从小事做起可以锻炼大毅力。李四光向来以工作坚韧、一丝不苟著称,这与他年轻时就锻炼自己每步走0.8米这类的小事不无关系。道尔顿平生不畏困难,看来从他五十年天天观察气象而养成的韧性中受益匪浅。高尔基说:"哪怕是对自己的一点小小的克制,也会使人变得强而有力。"生活一再昭示,人皆可以有毅力,人皆可以锻炼毅力,毅力与克服困难伴生。克服困难的过程,也就是培养、增强毅力的过程。毅力不是很强的人,往往能克服小困难,而不能克服大困难;但是,积克服小困难之小胜也能使人具有克服大困难之毅力。今天，你或许挑不起一百斤的担子，但你可以挑三十斤，这就行。只要你天天挑，月练，总有一天，一百斤担子压在你肩上，你能健步如飞。

小事情很多，从哪些小事情做起？有的人好睡懒觉，那不妨来个睁眼就起；有的人"今日事，靠明天"，那就把"今日事，今日毕"作为座右铭有的人碰到书就想打瞌睡，那就每天强迫自己读一小时的书，不读完就不睡觉，只要天天强迫自己坐在书本面前，习惯总会形成，毅力也就油然而生。人是需要同自己作对的，因为人有惰性，克服惰性需要毅力。任何惰性都是相通的，任何意志性的行动也是共生的。事物从来相辅相成，此长彼消。从小事情做起就可以培养大毅力，其道理就在其中。

3. 培养兴趣

有人说兴趣是毅力的门槛，培养兴趣能够激发毅力，这话是有道理的。法布尔对昆虫有特殊的爱好，他在树下观察昆虫，可以一趴就是半天。诺贝尔奖获得者丁肇中说："我经常不分日夜地把自己关在实验室里，有人以为我很苦，其实这只是我的兴趣所在，我感到'其乐无穷'的事情，自然有毅力干下去了。"当然人的兴趣有直观兴趣和内在兴趣之分，但两者是可以转换的。例如：有的人对学外文兴味索然，可他懂得，学好外文是建设四化的需要，对这个需要，他有兴趣，因此他能强迫自己坚持学外文。在学的过程中，对外文的兴趣也就能够渐渐培养起来了，这反过来又能进一步激发他坚持学外文的毅力。一个人一旦对某种事物、某项工作发生内在的稳定的兴趣，那么，令人向往的毅力会不知不觉来到他身边，也就成为十分自然的事情。

4. 由易入难

由易入难，既可增强信心，又能锻炼毅力。有些人很想把某件事情善始善终地干完，但往往因为事情的难度太大而难以为继。对毅力不太强的人来说，在确定自己的奋斗目标、选择实现这一目标时，一定要坚持从实际出发、由易入难的原则。徐特立同志学法文时，已年过半百，别人都说他学不成，他说："让我试试看吧。"他知道自己记性差了，工作又忙，所以，开始为自己规定"指标"，每天只是记一两个生词。这个计划起步不大，容易实现，看起来慢了一些，但能够培养信心，几个月下来，徐老不但如期完成计划，而且培养了兴趣，树立了信心，又慢慢掌握了学法文的"窍门"，以后每天可以记三四个生词了。徐老的做法很有辩证法。要是一开始在没有把握的情况下，就提出过高的指标，结果计划很可能实现不了，信心也必然锐减，纵使平时有些毅力的人，这时也可能打退堂鼓。美国学者米切尔·柯达说过："以完成一些事情来开始每天的工作是十分重要的，不管这些事情多么微小，它会给人们一种获得成功的感觉。"这种感觉无疑有利于毅力的激发。柯达的话看来对于人们干其他事情也是有启发的。

5.自立自强

相信自己有能力执行计划，可以鼓舞一个人坚持计划不放弃。

6.计划确切

即使是不太扎实的计划，不够实际的计划，都能鼓励人坚忍不拔，以连贯的行动执行确切的计划。

7.正确的知识

自己的明智计划是以经验或以观察为根据的，可以鼓励人坚定不移；不知情而光是猜想，则易摧毁恒心毅力。

8.合作

和他人和谐互助、彼此了解、声息相通，容易助长恒心毅力。和一名以上鼓励自己执行计划追随目标的人建立友好的关系。

9.意志力

集中心思，拟构确切目标，可以带给人恒心毅力。

10.习惯

恒心毅力是习惯的直接产物。人们会吸引滋长心智的日常经验，并且化身为其中的一分子。可以采取强迫自己行动的方法，来对抗恐惧。每个在作战中积极行动过的人都知道这一点。

第二节　大学生的人际关系素养

一、什么是人际关系

（一）人际关系的含义

人际关系是指社会人群中因交往而构成的相互依存和相互联系的社会关系，包括社会中所有的人与人之间的关系以及人与人之间关系的一切方面。它反映了个人或群体满足其社会需要的心理状态，它的发展变化决定于双方社会需要满足的程度。[1]

从历史上考察，人际关系是与人类起源同步发生的一种极其古老的社会现象，其外延很广，包括朋友关系、夫妻关系、亲子关系、同伴关系、师生关系、同事关系，等等。人际关系受生产关系和政治关系的制约，渗透在社会关系的各个方面，是社会关系的"横断面"，因而又对社会关系具有反作用力。它直接影响着人

---

[1] 朱艳军. 大学生职业素养提升研究[M]. 北京：中国纺织出版社，2021.

们的心理环境和社会环境。每个个体都生活在各种各样现实的、具体的人际关系之中。

(二) 人际关系的类型

人际关系可以分为以下四种类型。

1. 主从型

主从型的特点是,一方处于支配地位,另一方处于从属地位。这是人际关系类型中最基本的类型,几乎所有的人际关系都有主从性因素。

2. 合作型

合作型的特点是,双方有共同目标,为了达到这一目标,彼此能配合和容忍对方。

3. 竞争型

竞争型的特点是,双方为实现各自目标常常竭尽全力,因而充满活力;但由于竞争时间长,又使人感到筋疲力尽。

4. 混合型

混合型的特点是,双方相处中,有时是主从型,有时是竞争型。有时又是合作型的人际关系。

二、人际关系的特点

人际关系是人与人在交往过程中建立的直接的心理上的关系。其特点如下。

(一) 个体性

在人际关系中,角色退居到次要地位,而对方是不是自己所喜欢或愿意亲近的人成为主要问题。

(二) 直接性

人际关系是人们在面对面的交往过程中形成的,个体可切实感受到它的存在。没有直接的接触和交往不会产生人际关系,人际关系一经建立,一定会被人们直接体验到。

(三) 情感性

人际关系的基础是人们彼此间的情感活动。情感因素是人际关系的主要成分。人际间的情感倾向有两类:一类是使彼此接近和相互吸引的情感;另一类是使人们互相排斥分离的情感。人们在心理上的距离趋近,个体会感到心情舒畅,如若有矛盾和冲突,则会感到孤立和抑郁。

三、人际关系建立与发展的过程

美国社会心理学家奥尔特曼认为，良好的人际关系的建立和发展，从交往由浅入深的角度来看，一般需要经过定向、情感探索、感情交流和稳定交往四个阶段。

（一）定向阶段

定向阶段包含着对交往对象的注意、抉择和初步沟通等多方面的心理活动。在熙熙攘攘的世界里，我们并不能同任何一个人都建立良好的人际关系，而是对人际关系的对象有着高度的选择性。在通常情况下，只有那些具有某种会激起我们兴趣的特征的人，才会引起我们的特别注意。在一个团体中，我们在人际关系方面会将这些人放在注意的中心。

注意也是选择，它本身反映着某种需要倾向。比如在我们选择恋人时，某些与我们观念中理想的情人形象相接近的那些异性，尤其会吸引我们的注意。

与注意不同，抉择是理性的决策。而注意的选择是自发的、非理性的。我们究竟决定选择谁作为交往对象，并与之保持良好的人际关系，往往要经过自觉的选择过程。只有那些在我们的价值观念上具有重要意义的人，我们才会将其选为交往和建立人际关系的对象。

初步沟通是我们在选定一定的交往对象之后，试图与这一对象建立某种联系的实际行动，目的是对别人获得一个最初步的了解，以便使自己知道是否可以与对方有更进一步的交往，从而使彼此之间的人际关系的发展获得一个明确的定向。由于初步沟通实际上是试图建立更深刻关系的尝试，因此，尽管我们所暴露的有关自我的信息是最表面的，但我们都希望在初步沟通过程中给对方留下良好的第一印象，以便使以后关系的发展获得一个积极的定向。

人际关系的定向阶段，其时间跨度随不同的情况而不同。相遇而相见恨晚的人，定向阶段会在第一次见面时就完成。而对于可能有经常的接触机会而彼此又都有较强的自我防卫倾向的人，这一阶段要经过长时间沟通才能完成。

（二）情感探索阶段

这一阶段的目的，是彼此探索双方在哪些方面可以建立真实的情感联系，而不是仅仅停留在一般的正式交往模式。在这一阶段，随着双方共同情感领域的发现，双方的沟通也会越来越广泛，自我暴露的深度与广度也逐渐增加。但在这一阶段，人们的话题仍避免触及别人私密性的领域，自我暴露也不涉及自己根本的方面。尽管在这一阶段人们在双方关系上已开始有一定程度的情感卷入，但双方的交往模式仍与定向阶段相类似，具有很大的正式交往特征，彼此还都仍然注意自己的表现是否规范。

（三）感情交流阶段

人际关系发展到感情交流阶段，双方关系的性质开始出现实质性变化。此时双方的人际关系安全感已经得到确立，因而谈话也开始广泛涉及自我的许多方面，并有较深的情感卷入。如果关系在这一阶段破裂，将会给人带来相当大的心理压力。在这一阶段，双方的表现已经超出正式交往的范围，正式交往模式的压力已经趋于消失。此时，人们会相互提供真实的评价性的反馈信息，提供建议，彼此进行真诚的赞赏和批评。

（四）稳定交往阶段

在这一阶段，人们心理上的相容性会进一步增加，自我暴露也更广泛、深刻。此时，人们已经可以允许对方进入自己高度私密的个人领域，分享自己的生活空间和财产。但在实际生活中，很少有人达到这一情感层次的友谊关系，许多人同别人的关系并没有在第三阶段的基础上进一步发展，而是仅仅在第三阶段的同一水平上简单重复。

四、良好人际关系的重要意义

本杰明·富兰克林曾经说："成功的第一要素是懂得如何搞好人际关系。"人的社会属性决定了人需要在与他人的交往中成长和发展，每个人都生活在人际关系的网络中，人生的发展和事业的成功与人际关系有着密切联系。具体来说，良好人际关系的重要意义表现在以下几个方面。

（一）良好人际关系有助于身心健康

研究表明，如果一个人长期缺乏稳定的良好人际关系，那么这个人往往有明显的性格缺陷。在心理健康教育实践中，我们也注意到，绝大多数大学生的心理健康问题与缺乏正常人际交往和良好人际关系密切有关。在宿舍里，同伴之间的心理交往状况，往往决定了一个大学生是否对大学生活感到满意。那些生活在没有形成友好、合作、融洽的人际关系的宿舍中的大学生，常常显示出压抑、敏感、自我防卫、难以合作的特点，情绪的满意程度低。在融洽的宿舍里生活的大学生，则以欢乐、注重学习与成就、乐于与人来往和帮助别人为主流。可见，人的心态与性格状况，直接受到与别人交往和关系状况的影响。

心理学家曾从不同角度做过大量研究，结果表明：健康的个性总是伴随着健康的人际交往。心理健康水平越高，与别人的交往就越积极，越符合社会的期望，与别人的关系也越深刻。心理学家奥尔波特发现，个性成熟的人，都同别人有良好的交往与融洽的关系，他们可以很好地理解别人，容忍别人的不足和缺陷，能够对别人表示同情,具有给人以温暖、关怀、亲密和爱的能力。心理学家马斯洛发现,高水平的"自我实现者",对别人有更强烈、更深刻的友谊与更崇高的爱。还有的研究结果表明,那些心理健康水平较高的优秀者,往往来自人际关系良好的家庭,这也从一个侧面提供了人际交往状况影响个体心理健康的佐证。

(二) 良好人际关系有助于事业成功

要取得职场成功,除了有职业技能外,职场人际交往也非常重要,人际交往能力决定了晋升的空间,中国人讲究要会做事、会做人,做人的功夫就体现在人际交往能力上。美国的一项调查证实,85%的杰出人士把自己的成功归因于良好的人际关系。

(三) 良好人际关系有助于形成和谐的团队

整体效应是指组成群体的所有个体之间相互结合、相互作用而形成的总体作用或效果。良好的人际关系结构能够优化并增强群体的整体效应。这是因为良好的人际交往能够形成互补,只有通过取长补短才能增强和提高团队的整体实力。良好的人际交往能够产生合力,人多,团结一致,协作得好,结合密切,力量才大。加强内部的人际沟通,形成良好的人际关系,才能增强整体效应,形成和谐团队。

五、遵循人际关系的法则

(一) 黄金法则

黄金法则是一条做人的法则,又称为"为人法则",几乎成了人类普遍遵循的处世原则。你希望别人对你友善,那么你要主动对别人友善;你希望别人对你真诚,那么你要主动对别人真诚。别人如何对待我们,首先取决于我们如何对待别人。他人如同是我们的一面镜子,我们笑,镜子里的人也会笑;我们哭,镜子里的人也会哭。

(二) 白金法则

1987年,美国学者亚历山大·德拉博士和迈克尔·奥康纳博士发表论文阐述白金法则时这样说:"在人际交往中要取得成功,就一定要做到交往对象需要什么,我们就要在合法的条件下满足对方什么。"

白金法则有三个要点:一是行为合法,不能要什么给什么,你做人、做事都要有底线;二是交往应以对方为中心,对方需要什么我们就要尽量满足对方;三是对方的需要是基本的标准,而不是说你想干什么就干什么。"白金法则"是建立在这样一种认识基础上的,即每个人都有自己的习惯,都有自己审视世界的方式。

每个人都有自己的传达个性风格的方式和途径。准确识别他人的个性风格算得上是一种能力，其目的是根据他人的性格特征、兴趣爱好，据此调整我们的行为方式，以他们认为最好的方式对待他们，而不是我们中意的方式。

（三）三A法则

所谓"三A法则"，就是它的三个英文单词的首个英文字母的缩写，即接受（Accept）、重视（Appreciate）、赞美（Admire）。三A法则就是指在人际交往中要充分表达自己的善意、尊重和赞美。

1. 接受别人

"己所不欲，勿施于人。"与人交往中应严于律己，宽以待人，防止尖酸、刻薄，要设身处地地为多为别人着想，最大限度地理解、宽容别人。"入国而问境，入乡而随俗。"与人交际中，要学会接受交往对象，接受交往对象的风俗习惯和交际礼仪，接受交往对象的优点，更要容忍对方的缺点。

2. 重视别人

人们常说虚心是一种美德，谦虚使人进步。无论在哪个领域，无论你从事什么工作，每个人都希望得到别人的尊重，但是要想得到尊重，首先要学会尊重别人。在与人交往的过程中，要保持一个公平、平等的心态，因为人人都是平等的，如果采取轻视的态度，居高临下，是难以形成良好的人际关系的，也同样得不到别人的尊重。同事之间、朋友之间，平等地相处很重要。一份快乐和他人分享，那就是两份快乐，而一份痛苦和他人分，就成了半份痛苦。

3. 赞美别人

常言道"人无完人"，每个人都有缺点和不足，同样，每个人也都有长处和优点。"尺有所短，寸有所长"，说的就是这个道理。肯定别人，就等于肯定自己，善待别人，就是善待自己，在赞美别人的时候，也要注意把握好分寸，一是要实事求是，不要为了夸赞对方胡乱找借口；二是赞美别人的长处，要恰如其分；三是尽量不要当面批评别人，别人犯了错误，如果你当面尖锐批评，只会让他觉得很没有面子，甚至很可能会产生逆反心理而拒绝接受。

（四）刺猬法则

两只困倦的刺猬，由于寒冷而相拥在一起，可是因为各自身上都长着刺，刺得双方怎么也不舒服；于是，它们拉开了一段距离。但寒风刺骨，它们又不得不凑到一起。几经折腾，两只刺猬终于找到了一个合适的距离，既能互相获得对方的体温，又不至于被扎。刺猬法则用这样一个有趣的现象来形象说明：人与人之间应该保持亲密关系，但这是亲密有间的关系，而不是亲密无间。我们要学会运用刺猬法则，与朋友、同事相处时既不要拒人于千里之外，也不要过于亲密，不分彼此。

（五）首因效应

现实生活和社会心理学实验研究证明：人在初次交往中给对方留下的印象很深刻，人们会自觉地依据第一印象去评价一个人，今后交往中的印象都会被用来验证第一印象，这种现象就是首因效应。在人际交往活动中，给交往对象留下良好的第一印象，对于工作顺利开展起着不可低估的作用。开端不好，就是今后花上十倍的努力，也很难消除其消极影响。所以，在现实工作中。我们要努力给人留下良好的第一印象。

六、融洽人际关系的方法

（一）主动交往

西方社会心理学家创造的"约哈里窗户"理论，有助于我们理解人际关系建立的问题。该理论认为，人们之间交往的成败与否，人际关系能否健康发展，很大程度上取决于各人自我暴露区域的大小。每个人心里都存在四个区域：自己了解、别人也了解的"开放区域"（你知我知），别人了解、自己却不了解的"盲目区域"（你知我不知），只有自己了解、从未向人透露的"秘密区域"（我知你不知，隐私），自己和别人都不了解的"未知区域"（你我都不知，潜能，潜意识）。

一般来说，为了交往的顺利进行和发展，总要尽量扩大"开放区域"，缩小"秘密区域"，做到多向对方袒露心扉，让别人了解自己。心理学研究表明，人与人的交往是一个互动过程，我对别人开放的区域越大，往往可以获得相近水平的开放区域。所以，要了解别人，先要让别人了解自己。缩小秘密区，扩大开放区，自然会得到别人的良性反馈和好感。一般情况下，自我开放的区域与人际关系的和谐度成正比。

在现实生活中，有许多人尽管与人交往的欲望很强烈，但仍然形单影只，他们的友人很少甚至没有。他们在社交上总是采取消极的被动方式，总是等待别人来首先接纳他们。因此，虽然他们同样处于一个人来人往、熙熙攘攘的世界，却仍然无法摆脱心灵的孤寂。要知道，别人是不会无缘无故对我们感兴趣的。因此，我们要想赢得别人，同别人建立良好的人际关系，就必须做交往的始动者，处于主动地位，就应少担心，多尝试。当你主动与陌生人打招呼、攀谈时，当你在舞会上主动邀请舞伴时，你会发现你的努力几乎都能成功。当你的成功经验越来越多，你的自信心也会越来越充分，你的人际关系处境也会越来越好。

（二）换位思考

换位思考就是站在对方的立场上来考虑问题，了解对方的感受和要求、换位思考的最大好处就是你能理解对方所处的实际情况,让对方觉得自己的自尊心得到了尊重。很多人都是这样,如果他一旦觉得自己的自尊心受到了伤害,他就不会跟你讲道理,甚至变得胡搅蛮缠;相反,如果他觉得自己受到了应有的尊重,那他就讲理,常常在不知不觉中自动改变了立场。所以,换位思考在建立和谐的人际关系过程中有"不战而屈人之兵"的效果。

(三) 真诚赞美

看到其他人身上的优点或取得的成绩时,由衷地给予赞美或认可,会给对方带来快乐。这种快乐和谐的氛围会影响到周围的人,使人与人之间的关系变得轻松融洽。因为我们每一个人,都希望得到他人的赞美和赏识。赞扬能让人身心愉悦,精力充沛,还能激发自豪感,增强自信心,有助于更好地了解自己的优点和长处,认识自身的生存价值。

赞美要有的放矢,要真诚和有感而发;赞美绝不等同于恭维,既不是拍马屁,也不是阿谀奉承。赞美时切忌夸大其词、不着边际和虚伪做作,否则,赞美会失去其作用。另外,不能人前一套,人后一套,当面说人好话,背后说人坏话,或者传递其他人之间相互指责、诋毁的话,这势必引发与他人之间的矛盾。

(四) 帮助他人

患难识知己,逆境见真情。当一个人遇到坎坷,碰到困难,遭到失败时,往对人情世态最为敏感,最需要关怀和帮助,这时哪怕是一个笑脸,一个体贴的眼神,一句温暖的话语,都能让人感到安慰,感到振奋。因此,当别人遇到困难,陷入困境时,你能伸出援助之手,帮助困难者,安慰失意者,可以很快赢得对方的心,建立起良好的人际关系。如果对别人漠不关心,麻木不仁,小气吝啬,怕招来麻烦,两人之间的交情很可能因此而终止。

(五) 宽以待人

我国古来就有"君子宽以待人,严于责己"的处世方法。宽以待人,就是指对他人的要求不过分,不强求于人,而是以宽容为怀,能容人处且容人。与人交往时,不要总是盯着别人的短处。"人非圣贤,孰能无过?"对于别人的缺点或错误不要揪着不放,不要得理不让人,斤斤计较,针尖对麦芒。

还要注意,宽以待人不是一味地姑息迁就,否则就会失去宽厚的本意。没有度的宽只是麻木怯懦,明哲保身,更是纵容丑恶。我们在懂得宽以待人的同时也应懂得疾恶如仇、捍卫正义。只有做到当宽则宽,当严则严,抑恶扬善,才是真正的宽以待人。

(六) 独立谦逊

与人交往时要有自己的主见，不要人云亦云、趋炎附势，更不要骄傲自满、目空一切，不要总是与人抬杠。无论是否有理，总要找出依据说明自己如何有理、对方如何无理，处处、事事、时时要显示自己高明、自己是胜利者，长此以往，只会让人难以容忍，埋下隔阂与不满的种子。

如果我们在人际交往中，尽量多地按上述法则、原则和方法行事，就会发现自己原来颇受欢迎。但需要提醒的是，现实生活中，有人喜欢我们，也会有人认为我们无所谓甚至讨厌我们，这就是现实社会。我们不要期望人人都喜欢自己，因为这根本不可能。

(七) 保持微笑

微笑和些许幽默有助于增进交流、拉近距离和缓解紧张冲突的气氛。日常交往中，学会带着热情、微笑与人打招呼，让人体会到与你交往时的那种轻松与快乐，你才能成为一个受欢迎的人。我们应该学会巧妙地运用幽默，因为幽默是语言的调味品，它可使交谈变得生动有趣。但幽默的对象应该指向自我，而非他人；否则，幽默不成反而会引发矛盾。

(八) 保持距离

脸挨着脸，便看不见脸。要深入理解一个人，就不得不长时间与其接触，但是，这样往往会造成习惯性的错误，有许多问题反而难以察觉。在对待朋友时，我们更应该保持一颗清醒的头脑，保持适当的距离是最好的选择，不要妄想自己能进入他人的全部生活，那样只会徒增烦恼，适当地给他人与自己一些空间，控制自己的好奇心是很重要的。

第三节 大学生的沟通能力素养

一、沟通的定义

沟通是人与人之间、人与群体之间思想与感情的传递和反馈的过程，以求思想的一致和感情的通畅。沟通是满足人们各种需要、实现各种目标的重要手段。沟通构成了日常生活的主要部分，是快乐和痛苦的重要来源。而研究表明，工作中70%的错误是由不善于沟通造成的。系统地学习沟通技能，可以避免无效沟通和错误沟通，提高人际效能。[1]

美国学者桑德拉·黑贝尔斯、理查德·威沃尔在《有效沟通》一书中，将沟通定义为分享信息、思想和情感的任何过程，这种过程不仅包含口头语言和书面语言，也包含形体语言。

从广义上说，可以将沟通理解为任何一种信息交换的过程。它分为信息发射、信息传递、信息接收和信息反馈等四个过程，如图6-1所示。发射的信息通常有三种形式：言语、非言语、书面。这些语言信息会通过一定的渠道，如面对面、电话、会议、演讲等传递给他人。当他人接收到这些信息后，就会对这些信息进行重新解释，并给信息发出者提供语言的、非语言或书面的反馈。在实际的沟通过程中，沟通双方往往交替成为信息的发出者和接收者，发生互动。沟通的四个过程中的任何一个都会影响沟通的效果，因此要达到有效沟通，这四个方面都得重视。

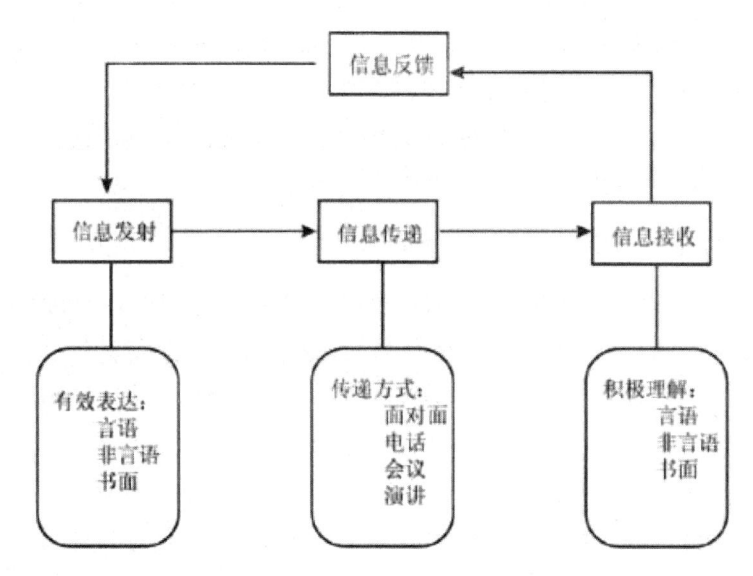

图 6-1 沟通的过程

沟通的要素包括沟通的内容、沟通的方法、沟通的动作。就其影响力来说，沟通的内容占7%，影响最小；沟通的动作占55%，影响最大；沟通的方法占38%，居于两者之间。

从沟通的效果上讲，沟通存在着有效沟通与无效沟通两种沟通。从沟通的方式上说，沟通包括语言沟通和非语言沟通。语言沟通包括口头和书面语言沟通；非语言沟通包括声音、语气、肢体动作，而有效的沟通往往需要语言沟通和非语言沟通相结合。

---

[1] 朱艳军. 大学生职业素养提升研究 [M]. 北京：中国纺织出版社，2021.

二、沟通的重要性

沟通的重要性主要体现在以下几个方面。

(一) 沟通可以满足人的心灵需求

人是社会性的动物,不能脱离其他个体而存在,每个人都有与人沟通、被人倾听和理解的心理需求,如果失去了与人沟通的机会,就会出现一些生理症状,例如,产生幻觉、丧失运动技能,而心理则会失调,产生孤独、焦虑、抑郁等不良情绪。著名的"感觉剥夺"实验就是在研究缺少外界刺激时人们会有什么反应。

(二) 沟通是建立和谐人际关系的桥梁

社会心理学研究表明,人和人的熟悉能增加相互之间的好感。而沟通是增加熟悉感的最佳途径。沟通能帮助人们消除人和人之间的误解,并积累重要的人脉关系,从而为自己事业的成功打下基础。美国前总统罗斯福说:"成功公式中最重要的一项因素是与人相处。"沟通也能认识更多的人,扩展人脉关系。著名的连锁信件实验告诉我们一个事实:地球上的任何两个人之间相隔并不遥远,可以通过少数几个人就能联系起来。

(三) 沟通是有效决策的基础

在生活中,人们总在进行着大大小小的各种决策。有的决策可能无关紧要,例如,晚餐应该吃什么,或者该乘哪种交通工具去某个地方等;然而有的决策则对人们的生活至关重要,甚至可能改变我们的一生,例如,应该上哪所大学,应该参加什么工作等。一个人的知识和经验是有限的,因此当人完全依靠自己的判断来决策时,很可能有所偏颇。这时,与师长、朋友、相关领域专家、同事进行积极、有效、深入的沟通就显得至关重要。因为沟通可以促进信息的交换,扩展看问题的广度和深度,为正确的决策打下基础。

沟通对个人决策很重要,对团体和企业的决策同样重要。通用电气公司是一家集团公司,1981年杰克韦尔奇接任总裁后,认为公司管理太多,而领导得太少,为此,他实行了"全员决策"制度,使那些平时没有机会互相交流的职工、中层管理人员都能出席决策讨论会。"全员决策"的开展,打击了公司中官僚主义的弊端,减少了烦琐程序。

实行"全员决策"后,公司在经济不景气的情况下取得了巨大进展。他本人被誉为全美最优秀的企业家之一。杰克·韦尔奇的"全员决策"有利于避免企业中的权利过分集中这一弊端。让每一个员工都体会到自己也是企业的主人,从而真正为企业的发展着想,这绝对是一个优秀企业家的妙招。

（四）沟通是取得理解与支持的法宝

理解，给人以安慰；支持，给人以力量。获得理解与支持最直接的方法就是沟通。对个人而言，每个人都渴望被理解，尤其当自己的想法和愿望与他人不一致时。对组织而言，沟通也是确保组织目标顺利实现的关键因素之一。

三、沟通的技巧

（一）积极倾听

1.倾听的作用

概括来说，倾听有以下几方面的作用。

（1）倾听可以获取重要信息。信息不但包括内容，还包括对方的情感，有时候脱离了情感，只是听取里面的内容会产生误解。有些话是反话，只有非常注意，联系语境或语气才能做出判断，听出弦外之音。

（2）倾听可掩盖自身弱点。俗话说"沉默是金""言多必失"，静默可以掩盖若干弱点。如果对别人所谈问题一无所知或未曾考虑，保持沉默可不表示自己的立场。

（3）善听才能善言。我们常常因为急于表达自己的观点，根本无心思考对方在说些什么，甚至在对方还未说完的时候，心里就已经对对方可能的言谈和观点产生了心理定式，并按照经验妄加评论，而评论往往是错误的。因此，需要首先听明白对方的观点是什么，听懂对方，才能做出准确的评论。

（4）倾听能激发对方谈话欲。让说话者觉得自己的话有价值，他们会愿意说出更多更有用的信息。称职的倾听者还会促使对方思维更加灵活敏捷，启迪对方产生更深入的见解，双方都会受益匪浅。

（5）倾听能发现说服对方的关键。从对方的谈话中，能够发现他的出发点和弱点，这就为说服对方提供了契机。同时，让别人感到自己的意见充分考虑了他的需求和见解，他们会更愿意接受。

（6）倾听可以获得友谊与信任。人们大都喜欢发表自己的意见，如果愿意给他们一个机会，他们立即会觉得你和蔼可亲、值得信赖。不注意倾听会伤害对方的情感，最终使沟通的效果大打折扣。

2.倾听的层次

听与倾听是有本质的差异的。听是用耳朵接收各种听得见的声音的一种行为，只有声音，没有信息，是被动的。而倾听不仅获得信息，而且了解情感，需要技巧和训练，是积极的。

听也可以分为以下几个层次，了解这些对倾听有更好的理解。

(1) 忽视的听。不用心地听。这种"听"只是听到一些声响,而忽略了说话者的内容。

(2) 假装在听。外表装着是在听。很多时候一边假装在听别人说话,一边却忙活着自己的事情,对于别人的话"嗯嗯啊啊"地应付着。

(3) 有选择地听。只注意自己感兴趣的部分(如天气预报、老师关注学生的错误),每个人都是想听好消息、忽略坏消息。

(4) 专注的听。从自己的角度去听,专注于对方所说的话,并以自己的经历为参照进行比较。专注的听大多数时候可以在说话者和倾听者之间产生共鸣,可是如果倾听只是为了与自己的经历和感受做比较,达到自己的目的,再专注的倾听也可能对说话者产生不良的影响。

(5) 同理心倾听。从对方的角度倾听(用他的眼睛看世界),用心倾听及回应来了解对方的含义、动机和感受。

同理心不等于同情。同理心是"你的心情我理解",双方的地位是平等的,而同情是你处在优越的位置,给对方感情上的施舍,双方地位有高低尊卑之别。

同理心也不等于了解。同理心要求倾听者暂时放弃自己主观的参考标准,以对方的思考角度看事物,从对方的处境来体谅对方的思想行为,了解对方因此产生的单方面感受。

同理心也不等于认同。认同说明双方对一些问题的看法和价值观等有一定一致性。同理心并不一定认同对方的所有观点,但会尊重他的观点,并理解接受对方的切身感受。

3.倾听的障碍

倾听的障碍表现在以下几个方面:

(1) 用心不专。人们常在倾听时关心他人的着装、姿势和修辞水平,也常常被一些噪声所打扰,对说话者所传达的思想反而不大在意。另外自身的情绪也会对倾听产生干扰,使无法专注地倾听别人。

(2) 急于发言。人们容易急于发表观点,而在他人还未说完的时候,就迫不及待地打断对方,导致不能把对方的意思听懂,甚至产生误解。

(3) 抗拒异议。有些人喜欢听和自己意见一致的人讲话,偏心于和自己观点相同的人。这种拒绝倾听不同意见的人,一方面很难和别人沟通,另一方面也很难获得成长。

(4) 心理定式。人类的全部活动,都由积累的经验和以前作用于大脑的信息所决定。由于人都有根深蒂固的心理定式和成见,很难以冷静、客观的态度接收说话者的信息,这也会大大影响倾听的效果。

(5) 厌倦。当认为别人讲的内容过于简单或者缺乏兴趣时,容易产生厌倦的情绪，这时候容易去思考一些其他问题，而不能专注地去倾听。

（6）不良习惯动作。这些习惯包括抖腿、东张西望、双手抱胸等。这些信息会被对方认为你对他说话的内容有点厌烦。

4.倾听的技巧

（1）消除干扰

外在和内在的干扰是妨碍倾听的主要因素，因此改进聆听技巧的首要方法就是尽可能地消除干扰。从外在环境角度，要尽量保持环境的安静，例如把手机等调成静音状态；另外从内在角度，必须把注意力完全放在对方的身上，才能尽可能捕捉住对方表达的信息，明白对方说了什么、没说什么以及对方的话所代表的情感与意义。

（2）对方优先

对方优先的第一层意思是让对方先说。首先，倾听别人说话会让对方觉得很尊重他的意见，有助于建立融洽的关系，彼此接纳。其次，鼓励对方先开口可以降低谈话中的竞争意味。倾听可以培养开放的气氛，有助于彼此交换意见。最后，对方先提出他的看法，就有机会在表达自己的意见之前，掌握双方意见一致之处，从而更容易说服对方。

对方优先的第二层意思是非必要时避免打断他人的谈话。善于听别人说话的人不会因为自己想强调一些细枝末节、想修正对方话中一些无关紧要的部分想突然转变话题，或者想说完一句刚刚没说完的话，就随便打断对方的话。经常打断别人说话就表示不善于听人说话，个性激进，礼貌不周，很难和人沟通。

（3）注意观察

①观察肢体语言。在和人谈话的时候，即使还没开口，内心的感觉就已经透过肢体语言清清楚楚地表现出来了（见表6-1）。听话者如果态度封闭或冷淡，说话者很自然地就会特别在意自己的一举一动，比较不愿意敞开心扉。相反，如果听话的人态度开放、很感兴趣，那就表示他愿意接纳对方，很想了解对方的想法，说话的人就会受到鼓舞。而这些正面的肢体语言包括自然的微笑，不要交叉双臂，手不要放在脸上，身体稍微前倾，常看对方的眼睛，点头，不要交叉双臂等。

表6-1 非语言表述的含义

非言语表述	行为含义
手势	柔和的手势表示友好、商量；强硬的手势则意味着"我是对的，你必须听我的"
脸部表情	微笑表示友善礼貌，皱眉表示怀疑和不满意
眼神	盯着看意味着不礼貌，但也可能表示兴趣，寻求支持

续表

非言语表述	行为含义
姿态	双臂环抱表示防御，开会时独坐一处意味着傲慢或不感兴趣
声音	演说时抑扬顿挫表明热情，突然停顿是为了造成悬念，吸引注意力

②注意暗示信息。很多人都不敢直接说出自己真正的想法和感觉，他们往往会运用一些叙述或疑问，百般暗示，来表达自己内心的看法和感受。但是这种暗示性的说法有碍沟通，因为如果遇到不良的听众，他们话中的用意和内容往往被人所误解，最后就可能会导致双方的失言或引发言语上的冲突。所以一旦遇到暗示性强烈的话，就应该鼓励说话的人再把话说得清楚一点。

(4) 听关键词

所谓的关键词，指的是描绘具体事实的字眼，这些字眼透露出某些信息，同时也显示出对方的兴趣和情绪。透过关键词，可以看出对方喜欢的话题，以及说话者对人的信任。

另外找出对方话中的关键词，也可以决定如何响应对方的说法。只要在自己提出来的问题或感想中，加入对方所说过的关键内容，对方就可以感觉到你对他所说的话很感兴趣或者很关心。

(5) 关注重点

要抓住主要意思，不要被个别枝节所吸引。善于倾听的人总是注意分析哪些内容是主要的，哪些是次要的，以便抓住事实背后的主要意思，避免造成误解。只要我们不再注意各种细枝末节，就不会因为没听到对方话中的重点或错过主要的内容，而浪费了宝贵的时间，或者做出错误的假设。

(6) 鼓励他人

鼓励他人首先要重复他人说话的内容，这也是一种很重要的沟通技巧。这种反应可以让对方知道我们一直在听他说话，并听懂了他所说的话。但是反应式倾听不是简单的复述，而是应该用自己的话，简要地述说对方的重点。反应式倾听的好处主要是让对方觉得自己很重要，能够掌握对方的重点，让对话不至于中断。

鼓励他人还要体会到对方的情绪。体会对方情绪，意思就是指将对方的话背后的情感复述出来，表示接受并了解他的感觉。

鼓励他人还需要注意反馈。倾听别人的谈话要注意信息反馈，及时查证自己是否了解对方。只有完全理解对方的意思后，对后面的讲话内容才会有更好的理解。鼓励他人最简单、直接、有效的方式就是微笑。

(7) 适时总结

当我们和人谈话的时候，通常都会有几秒钟的时间，可以在心里回顾一下对方的话，整理出其中的重点所在。必须删去无关紧要的细节，把注意力集中在对方想说的重点和对方主要的想法上，并且在心中熟记这些重点和想法。

暗中回顾并整理出重点，也可以帮助我们继续提出问题。如果能指出对方有些地方话只说到一半，说话的人就知道，一直都在听他讲话，而且也很努力地想完全了解他的话。如果不太确定对方比较重视哪些重点或想法，就可以利用询问的方式，来让他知道我们对谈话的内容有所注意。

（8）理解他人

如果我们无法接受说话者的观点，那可能会错过很多机会，而且无法和对方建立融洽的关系。就算是说话的人对事情的看法与感受，甚至所得到的结论都和我们不同，他们还是可以坚持自己的看法、结论和感受。尊重说话者的观点，可以让对方了解，我们一直在听，而且也听懂了他所说的话，虽然不一定同意他的观点，还是很尊重他的想法。若是一直无法接受对方的观点，就很难和对方彼此接纳，或者共同建立融洽的关系。除此之外，这也能够帮助说话者建立自信，使他更能够接受别人不同的意见。

5.善于提问

要了解对方的真实想法，首先要学会提问，通过提问去获得自己想知道的事情。一个好的问题使人乐于回答，而愚蠢的问题会使人感到好笑甚至反感。在沟通的时候，有效提问是倾听的前提。在探讨如何有效提问之前，我们先来了解问题的类型。问题可以分为封闭式问题和开放式问题。

封闭式问题，也就是那些可以用简单事实来回答的问题；开放性问题，也就是那些不能简单用"是""否"来回答的问题。

一般来说，封闭式的问题用于寻求事实。但是人们往往只会用简单事实来回答封闭式问题，而不用进一步的论述，这对于良好、持久的沟通是不利的。因此，我们有必要锻炼自己进行开放式提问的技巧，使用开放式问题来展开故事的全貌，获取想要的信息。应该如何恰当地提问呢？

（1）避免无用的问题。尽量少使用封闭式问题，因为这些问题除了能告诉我们一些基本事实外，无法带来更多的信息。尽量少用"为什么"来提问，"为什么"有时含责备语气，容易让人产生戒备心理。"引导性问题"和"多重问题"也属于无用问题之列。因为"引导性问题"会暗示寻找的答案；而"多重问题"则缺乏重点，听者无法知道真正想问的是什么。

（2）可以用一些中立性的、不具挑战性的问题，让人感到充分的放松，并且自愿给予所需的信息。

（3）学会使用探索性问题沿着关心的话题进行深入探索。探索性问题就是针对对方的回答进行进一步的提问，以便了解更多的信息。这些问题可以是"发生了什么事""你做了些什么""那是如何发生的""告知这件事的更多的信息"等。

（4）用问话帮助说话者澄清不够明确的表达。当对方说"那件事我不能接受"时，我们可以使用这样的问话来引导对方进行澄清："我们怎样做你才能接受呢？或者你给我一些具体想法，告诉我你不能接受的原因。"

（5）避免使提问类似于审讯。问下一个问题前，先对上一个问题的回答进行简单的重复和总结，表明在关心他，真的在倾听。

（二）有效表达

话是说给别人听的。如果别人听不懂你说的话，那么即使句式再漂亮，用词再讲究，于沟通而言也无济于事。所以，平时最好用简单的语言、易懂的言辞来传达信息，而且对于说话的对象、时机要有所掌握，有时过分的修饰反而达不到目的。

1.非言语表达

（1）非言语表达的重要性。在日常生活中，是否有过这样的经历：有人需要长篇大论才能解决的难题，另一些人只要打个轻描淡写的手势就大功告成了。即使没有遇见如此极端的情况，在生活中也经常可以发现，同样一番话，不同的人说会有着截然不同的效果，似乎言语内容本身并不是言语效果的唯一影响因素，甚至并不是最为重要的影响因素。很难有人相信在谈话中，非言语信息的作用能超过50%。然而根据麦罕宾的研究，非言语的交际在信息传递中所占据的作用居然高达93%，言语成分只占7%的作用。这也就是说，当人们对长篇大论中的一词一句进行仔细推敲的时候，很可能一些极其细微的动作，已经使得演讲的效果大打折扣，问题不在于说了什么，而在于怎么说。

（2）如何进行有效的非言语表达。既然非言语表达在交流中起到如此重要的作用，那么在此处探讨一下增进非言语表达的技巧便是十分必要的。首先我们将分别关注非言语表达中的几个主要组成部分，例如，身体姿势、面部表情、衣着仪表等，然后要特别关注一下"一致"的概念，一种需要在前述几个方面共同注意、努力所达到的和谐。

①目光接触

诚恳而沉稳地看着对方。和一个人谈话时，维持5~15秒的目光接触。假如面对一个团体谈话，眼睛要轮流和每个人的目光接触，每一次约5秒钟。不要让眼睛转来转去，也不要刻意放缓速度地眨眼睛。为了避免紧盯着对方，可以将视线放在对方的眉宇间，这样不会太尴尬。

②姿势与动作

昂然站立，放松自己，自然而轻松地移动。抬头挺胸，肩膀、臀部和双腿成一直线，让精神向前倾注。切记不要双臂环抱，两手交叉，这些都是封闭和防御的肢体语言，最自然的方式是两手自然下垂，放在腰际。保持良好的坐姿，上身略微前倾，手放置在椅背上，不要随意滑动。双手与手臂的动作尤其重要，柔和的手势表示友好、商量，强硬的手势则意味着"我是对的，你必须听我的"。

③面部表情

谈话时要轻松自然，合适的话，记得要微笑。微笑表示友善礼貌，皱眉表示怀疑和不满意。

2.语言表达

在现代社会中，由于经济的迅猛发展，人们之间的交往日益频繁，良好的语言表达能力已经成为现代人的必备能力。语言能力是驾驭人生、改造生活、追求事业成功的无价之宝，是通往成功之路的必要途径。想要提高语言表达能力可以从以下几个方面入手：

（1）克服说话时的紧张情绪

很多人与别人说话的时候就会紧张，而这种紧张会影响沟通的效果。那么说话紧张的时候，如何使自己放松呢？静静地进行深呼吸，使气息安静下来，在吐气时稍微加进一点力气，这样可以使换气充分，很容易使自己放松下来。笑对于缓和全身的紧张状态有很好的作用。微笑能调整呼吸，还能使头脑的反应灵活，说话集中。也许有人会说紧张的时候怎么才会微笑呢？其实只要做出笑的表情，很容易使自己变得开心，从而会引起自然的微笑。当然学会控制情绪的最佳方式还是多去沟通交流。

（2）平时多积累自己擅长的话题

平时要留意观察别人的话题，了解吸引人的和不吸引人的话题。扩充自己的知识面，多看些书，多参加户外活动，这样可以多和人沟通交流。成为有效的表达者之前，首先学会做个聆听者，多去听讲座，在和朋友、长辈沟通的过程中多听别人的，每一天都收集可以表达的素材，也能学习别人的语言表达技巧。另外，多看电视中的谈话类节目也有助于话题的积累。电视是最感性的语言来源，尤其是那些咨询类及访谈类的节目，这样能很好地学习别人的交谈技巧。除了积累擅长话题外，也要回避一些不好的话题。避免自己不完全了解的事情，谈一知半解的话题，会给人留下虚浮的印象。要避免你不感兴趣的话题，自己不感兴趣很难使自己完全投入到谈话中。

（3）增加自己的幽默

语言的滑稽风趣，一定要根据具体对象、具体情况、具体语境来加以运用，而不能使说出的话不合时宜。提升自己语言的幽默性可以从以下几个方面入手。

①当叙述某件趣事的时候，不要急于告诉结果，应当沉住气，要以独具特色的语气和带有戏剧性的情节显示幽默的力量，在最关键的一句话说出之前，应当给听众造成一种悬念。

②重要的词语加以强调，利用重音和停顿等以声传意的技巧来促进听众的思考，加深听众的印象。

③在说笑话的时候，不要自己先大笑起来，这样会使笑话的效果大打折扣。

4.学会站在别人的角度

每一个个体都有完全不同的人生经历，价值观、性格等会有很大的差异，因此要学会理解别人，站在别人的角度来看待问题。例如与一个看重细节的人沟通时，不能只讲一个大概，要进行深入细致的描述，而对于一个重视整体的人来说，过于描述细节也会招致厌烦。

5.增加语言的感染力

可以通过以下途径增加语言的感染力。

（1）说话时不用俗语。俗语有非常强的地方文化色彩，并不是所有的人都能听懂，另外常用俗语会妨碍自己在语言方面的自如运用。

（2）尽量做到多用数字。说话时多用数字，语言会更加生动，说服力更强，自己也会更加自信。

（3）学习一些新语言。在日常的工作、学习中，经常学习和吸收一些新的语言，能够更好地丰富语言词汇。

（4）多说有力量的话。有力量的话就是指说话时能够直截了当，行就是行，不行就是不行。

（5）训练目标感。说话要有的放矢，这就好像走路一样，要有方向性的选择，这种"选择"可以使自己在说话中避免漫无边际的东拉西扯。

6.注意语言的准确性

使用的语言一定要确切、清晰地表达出所要讲述的事实和思想，揭示出它们的本质和联系。只有准确的语言才具有科学性，才能逼真地反映出现实面貌和思想实际，才能为听众接受，达到宣传、教育、影响听众的目的。要想使语言表述做到准确，应当具备以下一些条件。

（1）思想要明确。如果对客观事物没有看清、看透，自己的思想尚处在模糊状态，用语自然就不能准确。所以只有思想明确了，才能使语言准确。

（2）具备丰富的词汇量。词汇的贫乏，往往会导致语言的枯燥无味，甚至词不达意。要想使语言准确、恰当，必须掌握丰富的词汇。为了准确地概括事物，就需要在大量的、丰富的词汇里，筛选出最能反映这一事物、概念的词语来。

（3）注意词语的感情色彩。词的感情色彩有时候是非常含蓄的，只有仔细推敲、体味、比较，才能区别出词语的褒贬色彩。

（三）说服性沟通

说服在日常生活中无处不在，虽然许多时候没有意识到它的存在，但其作用却是不容忽视的。有一些职业是通过说服别人来获得回报的，例如律师、销售人员和管理人员等。理解并且学会运用说服技巧，对于每一个人来说都非常有意义，那么说服的过程是怎样进行的呢？

1.建立信任

要说服别人，首先要做到的是让听者相信你，做到这点之后，听者才会推敲你的话，才会涉及是否会被说服的问题。

那么怎样建立信任呢？影响信任的要素包括多个方面，如说服者的社交能力，天生的吸引力及说服者与听者是否产生共鸣等。所以，说服者要提高自己的可信度不妨从这几个方面着手。而其中最重要的可以归结为知识和能力，前者是指说服者对沟通主题的知识储备、专业水平等，后者是指说服者的沟通能力，使听众与之产生共鸣的能力等。

2.以事实说话

要说服一个听众也好，说服许多听众也好，硬件就是要有坚实的事实基础，有了这个基础，才会有推论出的演讲的主题。而这样的事实证据，越丰富越真实，也就越有利于支持结论，说服听众接受这个结论。

适当引用权威的语言或材料，也能起到说服的作用。比如，"事故多发地段，请注意安全"和"这里一个月有三人死于车祸"。显然，后者的作用会大得多。

3.寻找沟通点

寻找沟通点也就是如何引起对方注意。实际上，无论在感性，还是在理性上，都可以找到双方的共鸣之处，这就是双方的沟通点。共同的爱好、性格、理想和工作等，都是很好的沟通媒介。

在具体问题上发生分歧，把问题停留在具体问题上，事情往往不好解决。如果把这个问题转移到相关的如目标、理想这样的高层次上，就容易找到共同点。很多事情往往是这样的，对方哪怕是迈出一小步，他们的立场、态度都会发生显著的变化。

4.合理地从事实出发进行推导以得出结论

我们要以事实为基础，合理地进行推导，得出结论。推导的过程、方法要合理，才能说服对方。

第四节　大学生的职场礼仪素养

职场礼仪是在人际交往中，以一定的、约定俗成的程序、方式来表现的律己、敬人的过程，涉及穿着、交往、沟通、情商等内容。从个人修养的角度来看，礼仪可以说是一个人内在修养和素质的外在表现；从交际的角度来看，礼仪可以说是人际交往中适用的一种艺术，一种交际方式或交际方法，是人际交往中约定俗成的示人以尊重、友好的习惯做法从传播的角度来看，礼仪可以说是在人际交往中进行相互沟通的技巧。

作为即将走出校门的大学生应该掌握一些基本的社会礼仪，特别是职场求职礼仪和交际规则，有助于我们顺利进入职场，有助于给面试官留下良好的第一印象。有了礼仪，别人才会称赞我们懂规矩，才能在待人接物和为人处事中有自己的良好形态，才能成为一个新时代的大学生。

一、礼仪基本概念

礼仪文化作为中国传统文化的一个重要组成部分，对中国社会历史发展有着广泛而深远的影响。所谓礼仪，从广义上讲，指的是一个时代的典章制度；从狭义上讲，指的是人们在社会交往中由于受历史传统、风俗习惯、宗教信仰、时代潮流等因素的影响而形成的，既为人们所认同，又为人们所遵守，以建立和谐关系为目的的各种符合礼的精神、要求的行为准则或规范的总和。跟礼相关的有礼节、礼貌等常用的词语。礼仪是对礼节、仪式的统称。礼节是指在交际交往场合中用于表示尊重、友好的形式。礼貌是在一般人际交流交往中所表现出来的谦虚和恭敬以及敬畏之心，是一种由内往外的过程。简而言之，礼就是尊重（规则），仪就是表达尊重的形式。

礼仪在内容上主要通过礼仪主体、客体、媒体、环境等方面进行反映。主体主要是礼仪的实施对象和操作对象；既可以是个人也可以是组织群体。客体，当然是对象，具体的指向者和承受者，既可以是人也可以是物，可以是物质的也可以是精神的。媒体，主要是指媒介，即载体，达到形式和内容的有机统一。[①]

礼仪在现代社会中是一个人综合素质的反映，特别是个人道德修养的集中体现。因此，一定要加强礼仪知识学习，从内心的认可到外在的表现都要集中反映。

据有关专家研究表明：人际交往中，第一印象是非常重要的，而第一印象中

---

① 孙淑卿，邹国文，朱丹. 大学生职业素养［M］. 天津：天津科学技术出版社，2018.

的55%来自哪里？来自你的发型、衣着、饰品、仪态、礼貌礼节等在内的外表形象和内在素养。

二、礼仪的作用

（一）有助于提高人们的自身修养

礼仪是一种高尚而美好的行为，它教人取义、向善、向美，通过评价、劝阻、示范等教育形式纠正人们不良的行为习惯，倡导人们按礼仪规范的要求去协调人际关系，维护社会正常生活。人们按照礼仪规范行事的过程中心灵得到净化、情操得到陶冶、缺点得到匡正，从而使自身修养得以提高。

（二）调节人际关系

礼仪是人际交往的钥匙，是联络人们感情的纽带、沟通人际关系的桥梁，它对营造一个平等、团结、友爱、互助的新型人际关系环境发挥着不可小觑的作用。只有讲究礼仪，共同用礼仪来规范彼此的交际活动，才能更好地表达对对方的尊重之情，增进相互间的了解和友谊，进而形成和谐、良好的人际关系。

（三）净化社会风气，促进社会和谐

在社会生活中，礼仪是润滑剂和冷凝剂，使社会中的摩擦和冲突降到最低点；同时礼仪还是一种和谐理念的外化，我们遵守并应用礼仪的同时就是在营造一种和谐的氛围，这种氛围使每一个生活在其中的人都能得到精神的洗礼，从而有助于净化社会风气，提升个人乃至社会的精神品位，促进整个社会的和谐发展。

三、仪表仪容

礼仪是形式和内容的有机统一，形式却是十分重要的。例如，一个人的仪表仪容也是礼仪的一部分，很难想象在现代生活中一个不注重自己形象的人会在社会交往中给别人留下深刻的印象。恰恰相反，一个人不仅要有内在的素养，还要注重自己形象和仪表仪容，才能给别人留下深刻的印象。因此，加强仪表仪容的学习和了解变得十分重要。

（一）仪表

人的外部轮廓、容貌、表情举止、服饰等给我们的总体印象和感觉，也即人的外观形象。仪表呈现给我们的有两个方面：一是静态的，如年龄、身高、体型、性别等；二是动态的，如人的行为举止和语言表情等，即言行举止神态等。

1.仪表的要求

（1）整洁

一个人的穿戴整齐而洁净,特别是脸面一定要干净。自然。看起来不是刻意打扮的,要舒心自然清爽。

(2) 互动

所谓互动指的是自己的打扮和美丽形象要能够被别人接受和认可,而不是被别人看起来不舒服。

2. 仪表的要点

(1) 要注意容貌的修饰和适当的化妆

我们经常说,女大学生一定要学会化装,适当的淡妆给人一种美的享受和对人的尊敬,从而树立自己的良好形象。

(2) 注意言行举止,特别要注意表情

谈吐显示了一个人的文化修养和个人教养。你说什么话,就是什么人,你是什么人就会用什么样的世界观看人,你看到的世界就是什么样的,包括你看到的人。

因此大学生在举手投足、言谈举止和一颦一笑之间应有一个基本的规范和度,以真实自然为宜,不宜刻意做作。

(二) 仪容

仪容主要指的是脸部,即人的容貌,在社会交往中应注意到以下几个方面:

1. 发型

头发比较容易引起别人注意,也会使人产生不同的印象,因此头发和发型是很重要的。对头发的基本要求是干净而整洁,其实就是要做到不染浅色、多色、条纹等怪异头发。头发的长短要适当。概况而言就是整洁、规范、长度适中、款式适合。

2. 面部

面部是最易被人注意的部位,一般看人就是首先看面部。因此面部很重要,对面部的最基本的要求是清洁。男士们不应让自己胡子拉碴;女士面部化妆不宜过分浓艳,头发的长短要适当。不管是男士还是女士,对于面部都有几点要求:无疮破,干净,不能有多余的毛发。

3. 口部

口腔以及嘴巴都要注意到,在交流谈话中要做到无异味、无异物、无异响,否则让人感觉不雅观,甚至让人失去交谈兴趣。对葱姜蒜等刺激性菜品过敏者要特别注意,一般不要吃,若吃了出门前要检查一下是否还存在异味,可以适当喷一些爽口水。

4. 服饰

佛靠金装，人靠衣装。这些俗语说明了穿衣打扮对一个人的重要性。穿着打扮更体现出一个人的教养和口味。因为服饰是社会生活中自我定位的手段；服饰反映出一个人的职业、年龄、地位；服饰反映着一个人的修养、性格、情绪。

服饰搭配有三色原则与三一定律的说法，三色就是全身穿衣打扮的颜色不能超过三种，否则感觉太跳和太乱；"三一定律"指的是穿西服套装时，鞋子、腰带、公文包应为同一颜色。正规场合，男性一定要穿西服套装，而且西服上衣左袖袖口上的商标应拆下，上衣的口袋里不要放置任何东西。"三色原则"和"三一定律"是穿西服套装最重要的规则。当然现在很多学生都不穿西装，也不带公文包，取而代之的是双肩包和其他流行款式的包具。不管怎样，穿衣服始终体现一个人的精神面貌和精气神，在求职着装时一定要遵循四大原则：符合身份、扬长避短、遵守惯例、区分场合。

5.化妆

对于女生而言，适当的淡妆是合适的。淡淡的妆扮对别人来说是一种尊重和礼貌，对自己来说是一种修饰，有利于提高精气神，增加良好形象，从而为自己增加信心。对男士而言，适当地整理头发和保持面部干净整洁，看起来精神就可以了，不宜像女生一样去精心打扮。化妆主要涉及美容、美发、护肤、增香等方面。

基本要求是做到协调自然和恰到好处，化妆的目的是对面部进行点缀和装扮，而不是看起来不舒服和不自然。

五、举止礼仪

举止是指人的动作和表情，也可以叫行为举止。在日常生活中，人的一抬手一投足，一颦一笑，都可概括为举止，也泛指一个行为人在特定场合的各种活动中较稳定的礼仪行为。对于男性的举止礼仪要求是男性应有"阳刚之美"，但"刚"不等于"野"，"刚"不等于冒失。对于女性举止礼仪要求是，女性举止应有"优雅之美"，仪态大方，但不可轻佻。

（一）站姿

"立如松"，像青松一般端直挺拔。男子站立的要领：挺胸、收腹、梗颈。女子站立的要领上半身挺直，肩膀要平，收腹，不翘臀部。

（二）坐姿

"坐如钟"，给人端正稳重之感。上半身挺直，下巴内收，脖子挺直，两肩放松，胸部挺起，背部和臀部呈一个直角，双膝并拢，双手自然地放在双膝上，或放在椅子扶手上谈话时可以侧坐，上体与腿同时转向一侧，正面对坐会有压迫感，应稍偏斜，轻松自然。

（三）走姿

"行如风"，行走时如风行水上，轻快自然，脚尖向着正前方，脚跟先落地，脚掌紧跟落地，膝盖和脚踝富于弹性，肩膀、手臂自然摆动，走在一定的韵律（步韵）中，给人矫健轻快、从容不迫的动态美，步态的美与否，主要由步度和步位决定。走姿要领：轻而稳，胸要挺，头抬起，两眼平视，步度和步位合乎标准。

（四）不良举止

你是否有以下这些不良的姿势？搔头皮、掏耳朵、抠鼻子、咬指甲、手指在桌上乱写乱画、双手抱头、摆弄手指、手插口袋、开会时手机未处于静音状态、讲话声音影响他人、随地吐痰、随手乱扔垃圾、坐下来时抖腿等。

（五）应聘举止礼仪

现代人不管是商务活动，还是私人活动，都应该事先预约，让预约成为一种习惯和品德。因此，第一步是预约和在通知的时间内到达指定地点等候，守时是求职应聘者第一应该遵守的规则。到达预地点后，按照以下要求进行。

首先是敲门。应将右手握成半拳状，用中指轻敲门，得到对方许可后方可进入；或者是当被叫到名字时，以爽朗的声音应答再重复前面的程序。

其次进门时要打招呼。走进办公室时，应抬头、挺胸、面带微笑，目光注视考官，不瞻前顾后，不左顾右盼。男士步伐矫健、端庄、自然、大方，给人以沉着、稳重、勇敢、无畏的印象女士步伐轻盈、敏捷，给人以轻巧、欢悦、柔和之感。走到考官面前，应亲切地道一声"您好"，若主考官站起来与你握手，你则热情地把手伸过去与之相握。然后站直身子，精神饱满，面带微笑，挺胸收腹，两脚并齐，双臂自然下垂或交叉于体前，两腿靠拢，像松树一样伟岸挺拔，男士显得刚毅洒脱、舒展大方，女士显得亭亭玉立、秀丽俊美。

再次是落座。当主考官示意坐下时，方可坐下，不可一进来就一屁股就坐下了。就坐后，可适当调整坐姿，坐姿对一个人的心理影响很大，若是直背靠椅，那是比较理想的，应轻轻坐下，上身正直，微向前倾，目光注视主考官的眼部和脸部以示尊重，双手放在扶手上或交叉于腹前，双腿自然变曲并拢，双脚平落地面。若是软绵绵的沙发靠椅，也尽量控制自己，不要陷下去，要挺腰坐直，全神贯注地面对考官。不要弓腰屈背，抓耳挠腮，高跷"二郎腿"，女士忌双腿分开。身体各部位都不要抖动，要很稳重地坐在主考官面前，接受他对你的全方位考察。

最后是递交资料。当需要递个人资料时，应站起身双手捧上，表现出大方、谦逊和尊敬。面试结束时，应道声"谢谢"，站起身走到门前，再转身微笑地道一声"再见"，把美好的形象留给考官。

六、交际礼仪

我们每个人特别是即将走出校门的大学生一定要加强交流交往，有了交往就可以增进学习、生存和发展，甚至带来快乐。但在交往过程中遵循一定的原则和技巧，这就是我们要掌握的内容。

（一）称呼

称呼可是社会交往中最重要的第一步，万事开头难，往往有了准确恰当且热情的称呼，后面的交往也就顺利多了。因此，称呼是很重要的。称呼既要做到积极主动，也要做到恰当准确，不然的话给别人留下的第一印象不是很好。

俗话说："十里不同风，百里不同俗。"每个地方都有特别的称呼和表达方式，但在一般惯用的现代交往中要遵循合乎常规、照顾习惯和入乡随俗。

1.工作中的称呼

在工作场合一定要体现出庄重、正式和规范性。一般有职务性称呼、职称性称呼、学衔性称呼以及行业性称呼。职务性称呼包括部长、经理、书记、主任等，可以直接称呼，也可以加姓，一般不用全名，全名一般用于非常正式场合和书面介绍时。职称性称呼包括教授、律师、工程师、教练员、技术员等。学衔性称呼包括博士、硕士、学士等，现在的硕士比较普遍，因此一般博士才这么叫。

2.普通场合的称呼

一般对于成年的男性可以叫先生，女性结婚的可以叫女士或者夫人，未婚的叫小姐。

（二）介绍

在商务活动和社会交往中，最重要的活动之一就是介绍，介绍有自我介绍和介绍他人等几种情况。

1.自我介绍

自我介绍在现代商务活动中是不可避免的，而且根据场合、时机、事宜不同则应进行不同类型和形式的自我介绍。如求职时招聘官叫你做一分钟自我介绍，这个时候则要在短短60秒内将自己最基本的情况和最大优势展现出来。有时候一句话就可以完成自我介绍，如多人在一起交流时：大家好，我是XXX公司的工程师，我来负责洽谈和撰写贵公司软件开发的需求分析报告。同时注意到：介绍时应把姓、名并提，还可简短说明自己的单位、职务等，内容应简洁明确，以免客户不耐烦；忌自吹自擂，以免客户反感忌过分随便，以免客户戒备假如了解对方的一些基本情况，则可以利用一些技巧来赢得客户的注意和好感，迅速打开交谈局面。

2.介绍他人

介绍他人的情况比较多，如报告会、讲座之前一般都要对主讲人作介绍，这时的介绍要求比较长且能够对报告的情况概括得比较全面且氛围营造感强。同时也有交往中的介绍，如把甲介绍给乙，把乙介绍给丙等。那当领导长者或者不同身份和尊卑的在一起该如何介绍呢？这里有几点要注意：如果是会议场合肯定是依次介绍受尊者，即当场活动中最受尊敬或职务最大者。如果是生活交往中，则按照"尊者优先"原则进行，即把卑位低的介绍给受尊者。

（三）握手

1.操作要领

保持距离，上身略倾，伸右手，拇指分开，四指并拢；眼睛注视对方，用手指稍用力握住对方的手掌；手指微向内曲，掌心凹陷；握手的时间约3秒；握力适度；握手力度适中；如果与标准方式有异，便可能有了附加意义。**握手遵循"尊者优先"原则**。上下级之间：上级伸手后，下级才能伸手相握。长辈与晚辈之间：长辈伸出手后，晚辈才能伸手相握。男女之间：女士伸出手后，男士才能伸手相握。人们应该站着握手，不然两个人都坐着。如果你坐着，有人走来和你握手，你必须站起来。握手的时间约3秒。匆匆握一下就松手，是在敷衍；长久地握着不放，又未免让人尴尬。

2.握手的禁忌

勿用左手；勿用脏手；勿戴手套；心不在焉；避免交叉握手；不要拒绝别人的握手。

（四）名片礼仪

1.名片的典型作用

结识新朋友时，递上一枚名片，做自我介绍用；拜访陌生人或长辈时，递上名片作为通报用，类似广告作用，使他人对自己从事的业务有所了解。

2.递送名片礼仪

双手捧交，眼睛应注视对方，面带微笑，并说"请多关照"一类的话，注意将文字正向朝向对方。

3.接收名片礼仪

双手捧接，并道感谢。接过名片后要仔细看一遍，可以有意识地读出对方姓名与职务，以示仰慕。绝不能单手接名片，也不能不看一眼就塞入衣袋，更不能往裤袋里塞。如将他人递上来的名片暂时放在桌子上，不要在它上面乱放其他东西。

（五）通信礼仪

现代社会离不开通信工具，在用通信工具进行交流沟通时也要注重一定的礼仪和规范，工具不过是手段，是形式，而沟通的内容才是最重要的，但要注意礼仪。与我们大学生相关的通讯礼仪主要涉及电话、微信、书信、短信、邮件等几种形式。下面介绍电话、微信、电子邮件等礼仪要求。

1. 电话礼仪

接打电话时的语气、态度、表情、举止以及内容等好坏会影响正常的交流和沟通，甚至破坏自己的形象。因此在接打电话时要注意时间的选择、空间的选择、通话的长度等因素。同时也要做到有重要的电话要列提纲，事先做好准备，内容要简明扼要、清楚明了，在接电话的同时要注意对方的反应，要适可而止，不能一个人讲个不停。接电话时响铃不应超过三声，不要随便让人代你接听电话等。不宜打电话的时间段用餐时间，早晨7点以前、晚上21点之后、中午午休时间，公务电话不宜在周末和上班8小时之外拨打。

2. 短信微信

短信已逐渐淡出人们的交流方式中，但仍然在使用。发现有的同学在发短信祝福的时候只有内容，没有称谓和落款。如果给人的感觉是不知这条短信是发给谁的，也不知道是谁发来的，那就没有达到目的。短信，虽短，但也一定要完整，特别是正式的短信一定要做到完整无误。即要有称谓、问候语，主体内容，发送人姓名等，切忌群发和抄袭网络短信，语言谦虚、亲和、委婉。

3. 电子邮件

电子邮件，也是信的另外一种形式，而且有法律作用。因此正式的电子邮件一定不能掉以轻心，随便发送，也要做到像纸质信件一样，完整无误。特别是要注意发送邮箱地址不要写错、发送邮件的主题要有，而且要合理，内容要完整，重要邮件还要附上文件，甚至有阅读回执等。

（六）座次礼仪

座次，即座位的前后和先后顺序。在社会交往中主要有会议座次、饭桌座次、乘车座次等方面。根据大学生社会交往的需要我们重点讲解会议座牌次序和乘车座次序等。

1. 会议座次

正式的会议都会摆放座牌，但这个座牌的摆法是有很多规矩和讲究的。主要根据会议内容和环境而定。如果是一般大会，有主席台的会议座次牌的摆法主要根据主席台的人数而定，可以参考下图。

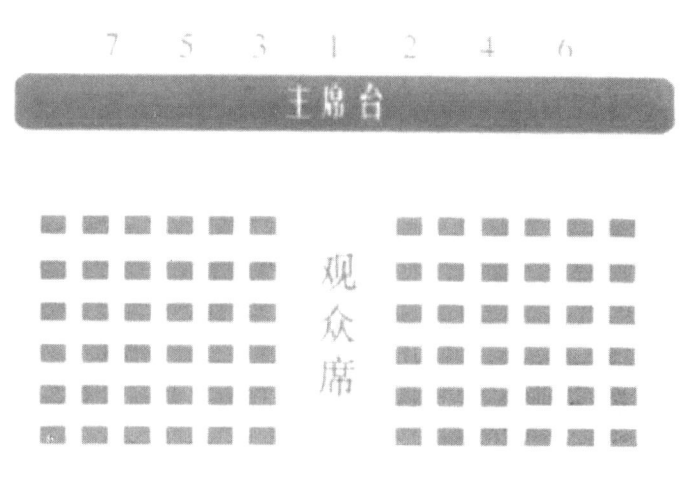

图 6-2　座次排列图

2.乘车礼仪

乘车还有礼仪吗？显然是有的，曾经看到有的同学与领导或老师在一起乘车时，先把自己喜欢的位置坐了。但如果是与自己的领导和客人在一起，也是如此的话，就显得不那么符合礼仪了。因此在商务活动中，乘车时有几个原则——"四个为尊"，即客人为尊、长者为尊、领导为尊、女士为尊，此四类人应为上座；"三个为上"，方便为上、安全为上、尊重为上，以这个原则安排座次，其中"尊重为上"原则最重要。那到底应该怎么坐位置呢？就一般小车而言，正位置是后右一，其次是后左一，再次才是前排司机旁边。但这个位置也不是绝对的，如果在生活中驾驶员本身就是领导，那显然驾驶员旁边的位置是一号嘉宾应该坐的，如图 6-3 所示。

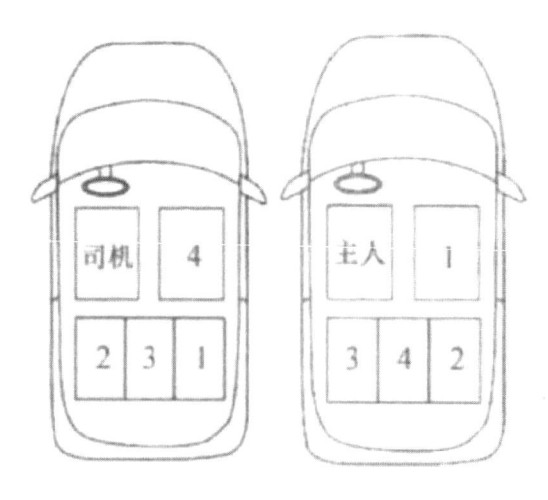

图 6-3　乘车座次示意图

礼仪体现个人素养，是职业人的必备技能和要求，学了一定的礼仪知识就要去用，用了才能改变自己。礼仪在外是形象，在内是素养，二合一才是真正的有礼貌有教养。

第五节　大学生的实践执行素养

信守承诺是做人的根本，永不言败才可以取得成功，高效执行需要结果导向。实践执行素养主要包括信守承诺、永不言败、高效执行。

一、信守承诺

什么是承诺？承诺首先是一种诚信、一种品德。做人之根本在于诚信，做事之根本在于承诺，承诺就是一份担当，是一份责任。敢于承诺的人是一个勇敢的人，履行承诺的人是一个负责你的人，有承诺并践行承诺的人是一个令人尊敬的人。承诺精神体现在工作和生活中的任何方面。员工要对老板有承诺，并坚守承诺；企业要对客户有承诺，并坚守承诺……在人际关系中，有承诺的人往往朋友比较多；在企业中，有承诺的人往往升职比较快；在商业关系中，有承诺的人往往业绩比较好。有承诺的人或许付出的比较多，但是他收获的也会比较多。

（一）信守承诺是做人的根本

坚守承诺是做人的根本，是成为卓越员工的关键，如果一个人不能坚守承诺，一切都等于零。任何承诺都是严肃的，它不仅是一种对对方的约定，也是人格的标签。有承诺必兑现的人必定有优秀的品质、伟大的人格，当然，这样的人也就会具有领导力和影响力，因而也能成就一番伟大的事业。

（二）敢于承担是承诺的开始

在遇到困难的时候，一个主动承担责任的员工会让同事万分感激，也让老板钦佩不已。换句话表述，就是一个人承担的责任有多大，他的价值就有多大。

在企业里，只有勇于承担责任的员工才会得到老板的信任和重用。勇于承担责任是证明自己最好的方式，它不仅向社会证明了自己存在的价值，还向老板和同事证明了自己很出色，是非常重要的。

拿破仑也曾说："先投入战斗，然后再见分晓。"两军对峙，分不出胜负，也解决不了问题，更无法让战争平息，只有投入战斗，在战场上拼杀，才能分出胜负，然后成者王，败者寇。

此时此刻，如果你有什么想法需要变成现实，请立即行动！如果你觉得自己有很多地方需要改变，请立即改变！要相信自己有能力把自己的梦想变成现实，相信自己有能力变得更优秀，相信自己是最棒的。

二、永不言败

人非圣贤，任何一个人在工作中犯下错误、出现一时的失败都是正常的，也是可以理解的。但是面对自己失败的不同态度，却成为区分优秀员工与平庸员工的一个衡量标准。那些平庸者，对于自己的错误置若罔闻，甚至还会一而再，再而三地犯同样的错误，出现同样的失败。而那些优秀的员工，则善于从失败中去学习，去总结经验教训，绝不再犯同样的错误，不再让同样的失败上演。

比尔·盖茨给过职业人这样的忠告："如果你一事无成，这不是你父母亲的过错，不要将你应当承担的责任转嫁到别人的头上，而要学会从失败中学习并吸取教训。"

（一）在失败中抱怨，等于放弃成功

人在一生中，随时都会遇到困难和险境，如果我们仅仅盯着这些困难，看到的只会是绝望。在人生路途上，谁都会遭遇逆境，逆境是生活的一部分。逆境充满荆棘，却也蕴藏着成功的机遇。只要勇敢面对，就一定能从布满荆棘的路途中走出一条阳光大道。正如培根所说："奇迹多是在厄运中出现的。"其实，我们不应该在失败中抱怨，因为抱怨失败无疑是在放弃成功。想成为一名生活中的强者，就要勇敢地向失败宣战，像一名真正的水手那样投入生命的浪潮。

（二）在失败中为自己鼓掌

在人生的旅途上，狂风暴雨难以避免，但绝不应成为我们退缩的理由。人生没有什么不可能，只要我们与希望同行，只要我们有坚定的信念并愿意为之不懈地努力追求。在逆境中需要我们为自己多多鼓掌，多一点自我激励，就一定能实现自己的梦想。

当一个人的才能得到他人的认可、赞扬和鼓励的时候，他就会产生一种发挥更大才能的欲望和力量。

其实，只靠别人的赞扬和激励还不够，因为生活中不光有赞扬，你碰到更多的可能是责难、讥讽、嘲笑。在这个时候，你一定要学会从自我激励中激发信心，学会自己给自己鼓掌。

美国一位心理学家说过："不会赞美自己的成功，人就激发不起向上的愿望。"别小看这种"自我赞美"，它往往能给你带来欢乐和信心，信心增强了，又会鼓励你获得更大的成功。一个成功人士说："别在乎别人对你的评价，我从不害怕自己得不到别人的喝彩，因为我会记得随时为自己鼓掌。"

给自己鼓掌，赞美自己的一次次微小的成功，不断增强信心，从而获得成功。

如果说为他人喝彩是一种鼓励、一次奖赏的话，那么为自己喝彩则是一种自信、一次运筹。

能为自己喝彩的人，敢于接受任何挑战，自强不息，正是这种喝彩给他们带来源源不断的动力，无悔地追求自己的理想，最终实现自己的目标。"天生我材必有用，千金散尽还复来。"坚信自己的价值，学会为自己喝彩，会拥有一个精彩的有意义的人生。

（三）善于在失败中学习

我们常讲"失败是成功之母"，其实，教训也可以说是经验之"母"。成功固有经验可以总结，失败也有教训可以吸取，可以学习。一个真正善于学习的员工，不仅仅懂得从正面的成功事例中学习，而且更懂得从失败中学习。如果能从失败中吸取教训，就能反败为胜，由失败走向成功。

（四）感恩失败，做一个永不言败的人

在职场中打拼，难免会遭受挫折与不幸，甚至失败。例如，你的想法得不到上司的肯定，公司里其他人阻挠你的工作，当你主动提出建议时总是遭到白眼等。即使这样，也不要忘记感恩。

在挫折和失败面前，我们必须有一种永不言败的心态。我们要感激失败的考验，从失败中走出一条新路，这样才有希望摘取成功的桂冠。

三、高效执行

一个优秀员工之所以优秀，就是因为他能有效利用每一分钟，珍惜每一分钟，使每一分钟都具有价值。这样的员工是高效率的员工，也是当今公司所器重的员工，他们会成为最有执行力的员工。

执行力就是把目标转变为结果的能力。可以理解为贯彻战略意图，完成预定目标的操作能力。执行力是把企业战略、规划转化成为效益、成果的关键。它包含完成任务的意愿、完成任务的能力。[①]

（一）高效执行需要"结果导向"

在工作和生活中，我们每个人都渴望获得成功，但是成功的人士毕竟是少数，那些没有成功的人士中也不乏工作非常卖力的，但是为什么许多人最终没有成功呢？

一项活动要有成效，就一定要朝向一个明确的目标和结果，换句话说，成功

---

① 孙淑卿，邹国文，朱丹. 大学生职业素养[M]. 天津：天津科学技术出版社，2018.

的尺度不是做了多少工作，而是做出多少结果。

建立以结果为导向的工作方法，就会促使我们在工作过程中更加关注我们从事的工作是否会达到我们的工作目标，或者对于达成工作目标有什么益处，这样我们在工作过程中就不会迷失方向，我们就会明白哪些是要努力去做的，哪些是不用去做的。只有这样，我们的工作才会更加有效，我们才更有可能成功。

如何以结果为导向作为标尺来开展工作呢？

1.建立清晰的工作目标

根据自己的工作内容，首先确立一个年度、季度或者月份的工作目标。有了明确清晰的目标，就有了前进的方向，就不会在工作中迷失方向。在目标的设定过程中应该符合SMART（目标管理）原则。有了目标之后，就要根据目标制订自己的计划，就是说应该怎样做才能达到自己制定的目标。制订的计划应该是详尽且清晰的，并且要符合实际情况，在实际操作过程中能够达到，还要根据重要性列出优先的顺序，应该还要有计划的执行日期和衡量计划是否达成的标准。

2.制订详细的工作计划

制订了一个详尽、明确、符合"5W3H"的计划，工作就成功了一半。接下来就是最重要的一步——执行。一个目标制订得很好，计划再详尽，如果不能在实际中去执行，那都是没有用的，做的是无用功，执行力就是竞争力，执行力就是战斗力。只有在工作中努力提高自己的执行力，积极主动地寻找各种方法和途径去完成自己的工作目标，达到预期的工作结果，才能体验到工作带来的快乐，并且与组织分享属于自己的成功。

3.加强对工作过程的核查

最重要的一点就是对工作进程不断地进行核查，如果工作中缺乏核查，有时候就很难判断自己的工作开展得是否有效，是否按照计划来执行；或者是否达到了预期的目标。通过自己或外部定期的核查，就能及时发现我们在工作中方向的偏离、存在的问题和不足。只有发现了问题，才有可能随时根据现实的情况来调整计划，也才有可能更完满地完成我们的工作，达到既定的工作目标和工作价值。

总之，以结果为导向的管理模式，是一种有效的管理方式。恰当地运用它来指导自己的工作，会给个人和企业带来具体的、可衡量的、现实的利益。

（二）高效执行需要行动

1.工作重在落实

很多"有理想有抱负"的员工，他们渴望获得成功，但是最终因为没有付诸行动，只让自己的追求停留在理想的层面，最后的结果是，理想成了幻想。所以，想干事，还要能干事，敢干事，这样才能最终干成事。

2.第一时间去执行

不拖延，第一时间去执行。拖延是把本来应该现在完成的任务，推到以后，把本来应该今天做的事情推到明天，在推来推去的过程中，执行就打了折扣，甚至没有了结果。

3.执行三字诀——快、准、狠

所谓快，是因为我们处在一个竞争激烈的社会，所以我们在执行的过程中，不能拖延，不能有完美主义倾向，执行需要快马加鞭。

所谓准，是说执行中要方向明确、目标具体、步调一致，做到既精（针对性强）又准（弹无虚发）的境界。

所谓狠，是强调执行中需要坚强的意志与拼劲，力量集中，成果第一，结果导向，不达目的不罢休。

（三）做高效的执行者

1.效率是执行的保证

假如给你一分钟，你能在一分钟内完成什么？很多人会说，一分钟根本什么都完不成，就算想清楚这个问题恐怕都不止一分钟。但是，生活中就存在靠短暂的一分钟的情况。作为一个执行者，应当学会有效地利用时间，在有限的时间内高效地完成工作。

2.今日事今日毕

在日常生活中，我们可能都有类似的体验：我们做一件事情如果没有时间限定，往往最终很难把这件事做完整。只有懂得用时间给自己施加压力，到时才能完成。所以在工作中，你最好制定每日的工作时间进度表，记下事情，定下期限。每天都有目标，每天都要有结果，日清日新。

此处列举的问题囊括了大部分原因，我们将帮你找到相应的对策：

第一，如果是因为工作枯燥乏味，不喜欢工作内容，那么就把事情转交给别人；或雇佣公司外的专职服务。一有可能，就让别人来做。

第二，如果是因为工作量过大，任务艰巨，面临看似没完没了或无法完成的任务时，那么就将任务进行分解，化整为零，从而各个击破。

第三，如果是工作不能立竿见影取得结果或者效益，那么就设立"微型业绩"。要激励自己去做一项几周或者几个月都不会有结果的项目很难，但可以确立一些临时性的成就点，以获得你所需要的满足感。

第四，如果是工作受限，不知从何下手，那么可以凭主观判断开始工作。比如，你不知是否要将一篇报告写成两部分，但你可以先假定报告为一单份文件，然后马上开始工作。如果这种方法不得当，你会很快意识到，然后再进行必要的修改。

  为了避免拖延误事，你需要养成"日事日清"的工作习惯。每天上班前，你应该预计今天要完成哪些事情，等到下班的时候，你要仔细检查一下，你预定的工作完成了没有，如果没有的话，就赶快抓紧时间完成。凡事留待明天处理的态度就是拖延，这不但会阻碍职业上的进步，还会加重工作的压力。

  作为一名有执行力的员工，任何时候都不要拖延，不要自作聪明。优秀的员工都会谨记工作期限，并清楚地明白，在所有老板的心目中，最理想的任务完成方式是：不要让今天的事过夜，今天的事今天完成。

  歌德曾经说过："把握住现在的瞬间，把你想要完成的事情或理想，从现在开始做起，只有勇敢的人身上才会富有天才、能力和魅力。因此，只要做下去就好，在做的过程当中，你的心态就会越来越成熟。如果能够有开始的话，那么，不久之后你的工作就可以顺利完成了。"

参考文献

[1] 朱艳军. 大学生职业素养提升研究 [M]. 北京：中国纺织出版社，2021.

[2] 郭志栋. 新时代背景下大学生思想政治教育研究 [M]. 天津：天津人民出版社，2019.

[3] 郭世德. 思想政治教育与职业素养 [M]. 北京：经济日报出版社，2018.

[4] 孙淑卿，邹国文，朱丹. 大学生职业素养 [M]. 天津：天津科学技术出版社，2018.

[5] 秦大伟，朱平，郑小丽. 思想政治教育与职业素养 [M]. 北京：研究出版社，2019.

[6] 贾灵充，周卫娟，赵艳娟. 当代大学生核心素养与思想政治教育研究 [M]. 北京：新华出版社，2018.

[7] 吴平，刘琦. 高校大学生素养与思想政治教育研究 [M]. 成都：电子科技大学出版社，2017.

[8] 苏建福. 高职院校学生思想政治教育工作创新实践 [M]. 天津：天津科学技术出版社，2017.

[9] 齐立石. 大学生思想政治教育 [M]. 成都：电子科技大学出版社，2017.

[10] 邹礼玉. 仰望星空，脚踏实地：高校思想政治理论课魅力课堂的构建 [M]. 天津：天津大学出版社，2011.

[11] 王蕊. 当代大学生思想政治教育研究 [M]. 北京：中国农业科学技术出版社，2012.

[12] 冯刚，沈壮海. 思想政治教育发展报告2012 [M]. 北京：高等教育出

版社，2012.

［13］伍大勇．大学生职业素养［M］．北京：北京理工大学出版社，2011.

［14］熊建生．思想政治教育内容结构论［M］．北京：中国社会科学出版社，2012.

［15］卢新文．新时期大学生思想政治教育创新研究［M］．西安：西安地图出版社，2010.

［16］张静．新时期高校校园文化建设的新探索［M］．天津：南开大学出版社，2010.

［17］封希德．大学生日常思想政治教育实效性研究［M］．成都：西南财经大学出版社，2010.

［18］王秀阁，杨仁忠．马克思主义理论学科前沿问题研究［M］．北京：人民出版社，2010.

［19］张福记，李纪岩．高校思想政治教育研究［M］．成都：四川教育出版社，2009.

［20］罗洪铁．思想政治教育学原理［M］．重庆：西南大学出版社，2009.

［21］史广成，王玉敏．思想政治工作概论［M］．济南：山东人民出版社，2008.

［22］傅林．世纪回眸：中国大学文化研究［M］．北京；教育科学出版社，2009.

［23］孙庆珠．高校校园文化概论［M］．济南：山东大学出版社，2008.

［24］韩震，社会主义核心价值体系研究［M］．北京：人民出版社，2007.

［25］王仕民．德育文化论［M］．广州：中山大学出版社，2007.

［26］杨慧民．高校思想政治理论课案例教学法研究［M］．北京：高等教育出版社，2007.

［27］刘晓彤．来自大学校园的调查和思考［M］．四川：西南财经大学出版社，2007.

［28］车斌，宋启海．团队培训游戏［M］．哈尔滨：哈尔滨出版社，2007.

［29］李松林．思想政治理论课教学模式研究［M］．北京：首都师范大学出版社，2006.

［30］陈爱国．大学生思想政治工作概论［M］．长春：吉林大学出版社，2005.

［31］王勤．思想政治教育学新论［M］．杭州：浙江大学出版社，2004.

［32］韩翼祥，常雪梅．大学生心理辅导［M］．杭州：浙江大学出版社，2003.

[33] 郑洪利. 大学生心理素质训练教程［M］. 上海：上海交通大学出版社，2005.

[34] 李萍，钟明华，刘树谦. 思想道德修养［M］. 广州：广东高等教育出版社，2004.

[35] 张洪根. 大学生思想道德修养新编［M］. 合肥：中国科技大学出版社，2003.

[36] 张光兴，大学生思想道德修养［M］. 北京：科学出版社，2002.

[37] 刘书林. 思想道德修养［M］. 北京：清华大学出版社，2002.

[38] 张耀灿. 现代思想政治教育学［M］. 北京：人民出版社，2001.

[39] 马建青. 大学生心理卫生［M］. 杭州：浙江大学出版社，2003.

[40] 赵冰洁. 大学生心理健康教育理论与实践［M］. 长春：吉林大学出版社，2004.

[41] 解思忠. 大学生素质读本［M］. 北京：机械工业出版社，2002.

[42] 孙杰远，唐剑岚. 网络环境下的教学设计［M］. 北京：学苑出版社，2003.

[43] 段鑫星，赵玲. 大学生心理健康教育［M］. 北京：科学出版社，2003.

[44] 朱彤. 仪表堂堂［M］. 北京：中国广播电视出版社，2008.

[45] 未来之舟. 职场礼仪［M］. 北京：中国经济出版社，2008.

[46] 冯刚. 大学梦起飞的地方［M］. 北京：清华大学出版社，2005.